舜王纪念

绍兴舜王庙会口述史

吴卓晔　俞婉君　著

1. 恢复初期舜王巡会

1.1 舜王巡会行进在绍兴南部会稽山区，俞日霞摄于 2007 年。

1.2 舜王巡会行进中的提灯会,俞日霞摄于2007年。

1.3 舜王巡会行进中的舞龙,俞日霞摄于2007年。

2. 社戏

2.1 双江溪舜王庙台演出绍剧整本戏，绍兴市虞舜文化研究会供图。

2.2 双江溪舜王戏台白神会，绍兴市虞舜文化研究会供图。

2.3 双江溪舜王庙戏台财神赐福,绍兴市虞舜文化研究会供图。

2.4 湖墩舜王庙持续三天的社戏,绍兴市虞舜文化研究会供图。

2.5 谷来镇吴山舜王庙祭舜大典前庙台戏八仙庆寿,绍兴市虞舜文化研究会供图。

2.6 2023年绍兴市虞舜文化研究会联合多家单位创编了"舜德润越"社戏专场在绍兴舜王庙会期间展演,绍兴市虞舜文化研究会供图。

3. 巡会

3.1 农历九月廿三晚上，湖墩舜王庙庙管会"舜王梳妆"仪式，董荣珍摄。

3.2 农历九月廿四一大早，湖墩舜王庙神像入轿后，向双江溪舜王庙出发，董荣珍摄。

3.3 民众钻轿祈福,绍兴市虞舜文化研究会供图。

3.4 舜王出巡时打头阵的打架老鼠,俞婉君摄。

3.5 舜王巡会沿途供筵,绍兴市虞舜文化研究会供图。

3.6 舜王出巡供筵驻马时表演的八仙会,绍兴市虞舜文化研究会供图。

4. 祭舜大典

4.1 主庙双江溪舜王庙的祭舜大典,王养吾摄。

4.2 双江溪舜王庙正殿舜王案桌的供品,虞志根摄。

4.3 2012年绍兴市虞舜文化研究会开辟舜王庙会谷来分场,吴山舜王庙举行全国首届村庙级祭舜大典。绍兴市虞舜文化研究会供图。

5. 庙市

5.1 巡会队伍路过庙市,绍兴市虞舜文化研究会供图。

5.2 舜王庙市，房霏斐摄。

6. 老物件

6.1 童家岭罗汉会表演把式，俞日霞摄。

6.2 童家岭罗汉会的武器都已散失,只有"驼"由李茂星家保存着,俞日霞摄于 2006 年。

6.3 舜王巡会中的十番会旗,俞日霞摄于 2007 年。

7. 调研

7.1 2022年5月绍兴市虞舜文化研究会组织绍兴文理学院思想政治教育专业201班同学采访舜王巡会传承群体，绍兴市虞舜文化研究会供图。

7.2 2023年11月7日绍兴文理学院大学生吴越文化研究会社员采访舜王巡会队伍，绍兴市虞舜文化研究会供图。

8. 双江溪舜王庙

8.1 双江溪舜王庙,王养吾摄。

目 录

前言　绍兴人的舜王纪念　i

第一章　明德虞舜，古刹千年　1
　一、三进三出巧布局，古往今来妙笔生　2
　二、三灵三雕传绝艺，千古舜德响人间　5
　三、三区三游展特色，与时俱进扬风采　9

第二章　祭舜大典，生日盛宴　11
　一、演唱庙戏，娱神娱人　11
　二、敬献福礼，宴请舜王　18
　三、民情汇报，答谢舜王　20
　四、全民赴庙，共同祈福　24

第三章　舜王巡会，精心安排　29
　一、百村结盟，会社合力　29
　二、开路先锋，保障安全　37
　三、仪仗威风，表达敬畏　42

四、沿途设宴，盛情招待　53

　　五、舜王进出，严守程式　57

第四章　会货巡演，全民共欢　65

　　一、乐班吹打，烘托氛围　65

　　二、角色扮演，各界欢庆　72

　　三、武术表演，各展雄风　97

第五章　开设庙市，喜庆丰收　114

　　一、庙外设摊，农副交易　114

　　二、小吃飘香，嘴吃手拿　117

　　三、家庭物资，集中采买　120

　　四、会货展演，精彩纷呈　123

　　五、非遗盛宴，时代之约　126

附录　129

前　言

绍兴人的舜王纪念

在 1998 至 1999 学年期间，我有幸作为访问学者在北京大学历史系深造，旁听社会学人类学研究所周星教授的课程，并亲身参与了对京郊妙峰山庙会的考察，因此与庙会研究结下深厚缘分。归乡后，我决定将家乡绍兴南部会稽山区舜王庙会作为研究的重点。

舜王庙会的主庙——双江溪舜王庙，坐落于我老家王坛镇俞家村东面一公里处。会稽山区的居民自幼聆听虞舜的传说，跟随长辈参与庙会，将舜王视为至高无上的神灵。自 1958 年公社化之后，庙会的形式有所调整，传统的祭舜仪式被物资交流会取而代之，双江溪舜王庙亦转型为两溪中学，舜王像亦不再存在。然而，当地民众对舜王的虔诚之心并未因此而减弱，虞舜的传说仍旧在民间流传，成为一代代人心中的故事。我本人也是在奶奶讲述的舜孝传说中成长的。即使舜王庙改建成校舍，拆除了舜王神像，每年的农历九月廿七，即舜王的诞辰之日，奶奶依旧会虔诚地朝着舜王庙的方向祭拜。

1989 年，舜王庙得以修缮，重塑了舜王坐像和行宫像。我手中有一份关于绍兴县文化广播局的重要档案资料，即《1991 年舜王庙会安全保卫工作联席会议纪要》。这份会议纪要详细记录了当时对舜王庙会活动的多项管理措施。尽管会议纪要中提及民间组织"社"与"会"已经消失，但舜王庙会的民俗活动依然蓬勃发展，传承不息。这一事实表明，传统民俗文化具有强大的生命力和韧性，即便面临时代的变化，也能够持续发展和传承。

如何调研舜王庙会？家父俞日霞接受了我的采访，还帮我回乡寻访舜王庙会知情人，开启了关于绍兴舜王庙会的调研。家父与我一样，系杭州大学历史学专业之毕业生，1996年退休后，仍致力于学术研究，担任杭州大学历史系古建筑研究所副所长、浙江省历史学会开发部副主任、绍兴市政协之友联谊会顾问及兰亭书画研究院特约顾问等职务。他积极承担调研工作，亦饱含为家乡庙会"正名"之深意。

我原本只是希望父亲帮忙收集口述资料，撰写一篇舜王庙会调研报告，却未料到父亲全心投入，最终完成了一部关于绍兴民间虞舜文化的专著。自2001年起的三年多时间里，他深入柯桥、上虞、嵊州和诸暨四地的56个村落，访谈了117位老人。他将收集到的资料整理为虞舜传说、虞舜神话、舜王庙和舜王庙会四个部分，总结提炼了虞舜精神，提出了开发虞舜文化旅游线的设想，2006年成书《绍兴虞舜文化研究》，在浙江人民出版社出版。

得益于深厚的民间信仰基础，父亲在采访过程中得到了当地民众的广泛支持与积极配合。如曾任越南区茶叶收购站检验员的于节墨和王坛乡土地委员孙彩金，他们凭借广泛的人脉，带领我父亲深入众多村庄。大家回忆着传统舜王庙会的热闹喜庆场景，翻箱倒柜找出舜王巡会时使用过的会货（表演道具），探讨恢复传统舜王庙会的可能性。怀着对故乡的深情厚谊，父亲在被采访者的热切期待中，努力恢复传统的舜王庙会。

调研中，他了解到双江溪舜王庙已由县文保所接管，民间不再举办祭舜活动。因此，为了寻找合适的举办地点，他开始探索其他村级舜王庙举行舜王庙会的可能性。湖墩舜王庙因其出色的管理团队以及充满活力的庙会活动，被他认定为传统舜王庙会的中心庙，并把舜王巡会当作恢复庙会的重头戏。为确保舜王巡会的顺利举行，他不仅亲自设计会货样本，更精心挑选技艺精湛的工匠进行制作，同时广泛发动民众携带传统老物件参与盛会。在此过程中，他慷慨解囊，更积极动员女儿、学生及朋友们共同捐资支持。值得一提的是，我的母亲高月仙也热情参与，亲手制作了第一批旗会所需的旗帜，其中"舜"字旗至今仍在使用，这些都见证了我们的坚守与传承。

为了使舜王巡会能够顺利地走向公众，父亲联系上绍兴电视台，邀请电视台拍摄传统舜王庙会的展演，以"能上电视"的吸引力和舜王保佑的民俗信仰动员民众参与舜王巡会。就这样，在浙江大学古建筑专家"俞教授"的主持下，2005年10月，100多民众组成的舜王巡会队伍从湖墩舜王庙走到双江溪舜王庙，沿途许多人驻足礼拜，甚至匆忙设供筵迎接舜王。为了让舜王巡会队伍免费进入双江溪舜王庙，父亲以"有批专家学者要参观舜王庙"为由向绍兴县文保所申请免费入庙。这次活动的播出，大幅提升了绍兴舜王庙会的影响力。

同年，王坛镇人民政府举办了"2005绍兴舜越文化旅游节开幕式暨祭舜王庙典礼",父亲和小妹俞翠薇(全国十大数字人物)以主祭人身份参加祭舜典礼,国家旅游局劳动人事教育司司长李悦中恭读祭文,向舜王敬献黄酒、高粱、大麦、小米和稻谷。

2006年,舜王庙会经过评审,被正式列入绍兴市第一批非物质文化遗产名录,次年被列入浙江省第二批非物质文化遗产名录,其影响力和文化价值再次得到肯定,这一荣誉的获得,离不开杭州师范大学顾希佳教授的积极推荐和不懈努力。顾教授对舜王庙会的深入研究和推广,为其列入非遗名录奠定了坚实基础。在2000年庙会期间,顾老师不仅对王坛镇人民政府举办的首届舜越文化节暨农特产品交易会进行了深入观摩,还积极参与了王坛举行的"舜王庙·舜越文化·旅游"学术研讨会。为进一步了解当地文化和发展状况,他又两次赴王坛采风。经过深入调研和思考,顾老师撰写了《绍兴舜王庙会之调研思考》一文,该文章最终发表于《民间文化》2001年第1期,为当地文化的传承和发展贡献了自己的力量。在文章中,顾老师积极呼吁相关部门对该庙会给予高度重视。他不仅在后续的时间里持续推动舜王庙会的复兴与壮大,还始终不遗余力地支持该项目被列入各级非遗保护代表性名录,以保护和传承这一具有独特历史和文化价值的庙会活动。

2007年,随着舜王庙会成功列入省级非物质文化遗产名录,舜王巡会活动也正式恢复了。此次巡会活动历时整整一天,即在农历九月廿三举行。活动中共有十二项会货,吸引了三百余名民众的积极参与。沿途的群众纷纷夹道欢迎,供筵不断,更有众多民众中途加入巡会队伍,共同见证这一盛大的活动。当巡会队伍抵达双溪江舜王庙主庙时，参与人数已达上千人，声势浩大，连绍兴县文物保护管理所（现名柯桥区文物保护管理所）都因此免去了门票收费。此外，荣华十番会还在舜王庙戏台上献上了精彩的绍剧《龙虎斗》表演。绍兴电视台对这场巡会进行了全程拍摄，并于2008年5月17日开始播出，每周一集，连续播放了十三周，以纪录片的形式详细展现了舜王巡会的全过程。

2008年，由湖墩舜王庙打头，举办了为期两天的巡会，夜里在孙岙村过夜，会货项目有所增加。特别是来自嵊州的老虎旗，它承载着四五十年的历史，成了活动一大亮点。

2009年舜王庙会申报国家非物质文化遗产项目，区文广旅游局邀请我父亲共同理清了"绍兴舜王庙会"文化内涵：作为绍兴南部会稽山区的一项民俗活动，它依托绍兴王坛镇双江溪舜王庙来展开，以祭祀舜帝为中心，集民间艺术、经贸活动于一体，是当地民众创造、传承、共享的非物质文化遗产。绍兴县人民政府常委经过审慎考虑，为深入推动绍兴地区丰富文化遗产的弘扬与传承，决定划拨十万元资金，由绍兴县文广旅游局负责，专项用于支持王坛镇人民政府举办的绍兴舜王庙会民俗活动。此举不仅彰显出政府对传统文化的深切关注与大力支持，更体现了对地方民俗活动保护与发展的坚定决心与承诺。

2009年，巡会延长至三天，共有十九项会货参加，依旧由湖墩舜王庙作为第一站。巡会第二天，巡会队伍在一片鼓乐喧天中越庙而过，却没有与王坛镇政府在双溪江舜王庙内组织的祭舜典礼产生交集。这年，北京大学的陈泳超博士对舜王庙会进行了深入的学术调研。我与父亲全程陪同，并得到了时任王坛镇委书记卢宝良的亲切接待。卢书记就如何有效运用舜王庙会丰富的文化资源，向陈教授与父亲进行了诚恳地请教。

陈教授和父亲提出了以下建议："建议将2000年以来王坛镇政府举办的舜越文化节改为'绍兴市虞舜文化旅游节'；舜王庙会作为道德文明始祖舜王纪念活动，不是封建迷信，而是根植于民众心灵深处的精神力量，对其应当采取积极的态度，进行恰当的引导和规范；通过集结各方力量，成立一个致力于研究与保护舜王庙会的民间组织，致力于挖掘舜王庙会的历史价值，传承其独特的文化遗产，并采取有效措施确保其持续发展与活力；将舜王庙会的举办权归还民间，让这一具有深厚历史意义的盛会更加贴近民众的生活；在舜王庙会期间，不收取任何门票费用，当地民众能共同体验和享受这一文化盛宴。"

卢宝良书记以其远见卓识，对提出的建议表示深切的赞同。他积极推动并协助其父亲创办绍兴市虞舜文化研究会（以下简称"研究会"），并在面对各种异议时展现出坚定的决心。2010年5月，绍兴市虞舜文化研究会正式成立，这是一个非营利性的社团组织，拥有社团法人资格。研究会的会员主要由热心于虞舜文化研究、传承、开发和利用的个人、企事业单位以及社会团体组成，涵盖了绍兴县、上虞、诸暨和嵊州等地区，目前已有二百余名在册会员。研究会以会稽山区的虞舜文化为主要研究对象，致力于发掘、搜集、整理和保护会稽山区的虞舜文化遗产，同时积极传承和弘扬虞舜文化，并推动其发展及走向世界。根据《绍兴市虞舜文化研究会章程》，现任党委书记或镇长自然成为研究会的执行会长，文卫副镇长自然担任执行副会长，而党政办公室主任自然出任副秘书长。此外，参与舜王巡会的村庙庙首被纳入基本会员。我父亲被公推为首任会长，而我担任副会长和常务理事。为了确保研究会的经费稳定，卢书记将柯桥区文广旅游局下拨的十万元绍兴舜王庙会专款全数转交给研究会，并积极鼓励王坛镇的企业家捐款，同时邀请他们担任副会长。研究会还创办了《绍兴虞舜文化》会刊，用以记录和宣传舜王庙会的传承、研究情况，进一步推动虞舜文化的发展和传播。

自成立之初，研究会便承担起组织与执行祭舜大典与舜王巡会民俗活动的全权责任。研究会严格依照传统祭舜仪式的规范，对祭品的筹备与陈列、参与者的邀请与组织，以及整个祭祀活动的流程进行了精心操作与布置，确保每一项活动都能得到妥善的安排与精彩呈现。当年舜王巡会的货物种类就增加到 27 种，吸引了超过 800 名巡会民众。特别值得关注的是，王坛舜王庙主场社戏表演的参与者人数已达到二三百人之多。这些参与者主要来自王坛和谷来两个镇，其中孙岙、新建和岭北三个村庄的参与人数尤为显著。

2012 年，为了满足民众的期望和需求，研究会决定对吴山寺进行更名，改称为吴山舜王庙，旨在强化其作为谷来镇舜王庙会活动中心的地位。此外，为了更好组织和协调巡会活动，研究会还对巡会线路进行了明确的划分，分别设立谷来线、王坛线。具体来说，谷来线的设立意味着谷来镇的民众在农历九月廿四日参与巡会活动之后，在本镇范围内继续进行巡会，这样的安排不仅方便了民众参与舜王庙会民俗活动,也有助于加强地方社区的凝聚力和文化传承。当年农历九月廿五,研究会在吴山舜王庙举行祭舜大典,这是全国首次纯民间纯草根的祭舜大典,大典仪程一招一式,有板有眼,新华社高级记者虞云达以"首届草根祭舜大典在绍兴谷来舜王庙举行"为题在新华社报道。祭舜大典结束后,谷来境内举行两天的舜王巡会。

2012年,研究会恢复在双江溪舜王庙于农历正月初五举行的迎财神传统节俗,但因故只举办了一年。同年,研究会积极行动,成功恢复每月农历初一和十五在双江溪舜王庙举行的拜忏仪式。这一传统习俗的复兴得到当地社区的广泛支持和积极参与。2013年,舜王庙庙台恢复了传统庙会戏剧表演,以庆祝重要节日。

成立研究会之后,我父亲致力于深入研究舜葬于绍兴王坛的历史,并期望我能够将研究成果整理成论文公开发表。最终,我们父女合著,完成了《绍兴会稽山舜陵考》一书。这本书可以被视为《绍兴虞舜文化研究》的延续,它不仅记录了新发现的虞舜传说,还对会稽山区舜王庙群的历史与现状进行了系统的梳理并且,书中特别关注了舜王庙会期间,周边其他村落庙宇举行的祭舜活动。这些研究不仅丰富了我们对舜文化的认识,也为地方文化的传承与发展提供了宝贵的资料和见解。2013年,这本书由浙江人民出版社正式出版。

在2011至2012学年期间,因致力于对绍兴地区丰富的民间虞舜文化进行深入探索和研究,我暂时搁置了手头的工作,前往华东师范大学,成为终身教授陈勤建的访问学者。陈勤建教授不仅在

1990年与日本院士田仲一成共同调研过双江溪舜王庙，还曾指导袁瑾博士完成了其论文《绍兴舜王巡会会货表演研究》（2011年）。在陈教授的悉心指导下，我的研究视野得到了极大的拓展。我对非物质文化遗产背景下的绍兴舜王庙会的传承有了更深刻的理解，同时更加清晰地认识到挖掘和弘扬绍兴民间虞舜文化的深远价值和意义。这段宝贵的学习经历，让我在学术上受益匪浅，也为我后续的研究工作奠定了坚实的基础。

在2014年舜王庙会即将来临之际，我们遭遇了一次意外的打击——首任会长不幸因病突然离世。在这个关键时刻，研究会的全体成员一致希望我能够继承父亲的事业，继续推动研究会的发展。尽管感到责任重大，我还是接受了这一临时的重任，担任了会长一职。值此充满挑战之际，研究会同仁众志成城，齐心协力，成功保障了庙会社戏表演的顺利举行。此举充分彰显了研究会成员对传统文化的执着守护与深厚情感。

到了2015年，我们面临着一个重要的抉择：是否进行换届。这不仅涉及组织的未来，更重要的是，我们必须审视研究会是否有持续存在的必要和可能。其中，一个关键因素是能否确保十万元的专用经费到位。作为新任会长，虽然我身为高校教师，但在动员社会各界捐款和与政府部门交流方面存在一定局限。幸运的是，当时王坛镇人民政府分管绍兴市虞舜文化旅游节的副镇长林强，年轻有为，在听取了研究会过去几年的工作汇报后，林副镇长深刻认识到政府在发动和组织巡会方面的不足，并明白不举办巡会将不符合民众的期望。祭舜大典的筹备工作是一项庞大的任务，特别是祭品的准备和仪式流程，这需要民俗专家的专业知识和技能。因此，林副镇长积极向镇政府领导班子提出建议，并成功说服他们及时向研究会拨付了所需的十万元专用经费。这一转变不仅标志着研究会在自身努力下站稳了脚跟，也结束了长期向王坛镇政府申请"会费"的艰难时期。2015年10月，研究会顺利换届。

第二届绍兴市虞舜文化研究会理事会将绍兴舜王庙会的国家级非物质文化遗产项目申报工作作为核心任务。在深入挖掘、系统整理和科学研究绍兴虞舜文化的基础上，理事会积极与柯桥区非物质文化遗产保护中心、王坛镇人民政府、各领域的专家学者以及舜裔宗亲建立合作关系。通过这一跨领域、多层面的联合努力，我们共同探索并开辟了舜王庙会在当代社会的传承与保护之路。我们的目标是使舜王庙会的独特文化价值和意义得到更广泛的认可和尊重，同时确保这一珍贵的文化遗产能够得到有效保存和传承。在这一过程中，理事会致力于提升舜王庙会的文化影响力和社会认知度，并积极推动申报工作，以期成功获得国家级非物质文化遗产项目的认定，为绍兴市虞舜文化的未来发展奠定坚实的基础。我们坚信舜王庙会的文化精髓将得到更好的保护和发扬，为后世留下宝贵的文化财富。

在舜王庙会期间，研究会主动邀请国内外享有盛誉的专家学者，旨在为庙会的传承与保护工作提供宝贵的专业建议。同时，我们亦期望他们能对绍兴民间虞舜文化展开深入研究，为文化的传承与发展贡献力量。我们荣幸邀请到了中国民俗学界的泰斗刘魁立先生，中国民俗学会秘书长、北京大学著名教授高丙中，以及中国民俗学会副会长和北京师范大学萧放教授等专程前来调研和考察。当我们面临专业问题或需要深入的指导时，我们常常求助于华东师范大学的陈勤建教授、杭州师范大学的顾希佳教授等专家学者。他们提供的宝贵意见和精确的指导，对我们解决问题和推进项目具有极其重要的作用。

2017年，杭州师范大学的袁瑾博士在研究会的大力协助下，完成了对绍兴舜王庙会的详尽调研，成功出版学术著作《地域民间信仰与乡民艺术：以绍兴舜王巡会为个案》（中国社会科学出版社）。该书的出版，使舜王巡会社戏的活态传承得到了学术界的更广泛关注。我们很荣幸地得到了张祝平教授的关注，他是国家社会科学基金项目——"当代中国民间信仰研究"（已于2019年结题）和"乡村振兴中的民间信仰问题研究"（已于2022年结题）的主持人。绍兴舜王庙会的传承群体实践被视为这些研究中的一个重要对象。作为课题组的一员，我也积极参与其中。

为了深度探索并保存舜王庙会的民间记忆，研究会特别成立了"《绍兴舜王庙会口述史》专题"调研组。我担任组长，并荣幸地邀请到了顾希佳教授作为总顾问。在顾教授的指导下，我们成功地组建了一个专业团队，团队成员包括张钧德等四位在绍兴市有很高声誉的文史专家。这个团队深入会稽山南部的山区，开始了一系列的口述史调查工作。这项重要的工作于2018年5月正式启动。到了2019年4月1日，顾教授亲自前往绍兴，对我们的前期工作进行了总结和反思，为我们后续的研究工作指明了方向。自2020年起，我开始鼓励对吴越文化有着浓厚兴趣的绍兴文理学院大学生吴越文化研究会的社员们,积极参与舜王巡会的口述史调研。我们力求打破传统的资料整理方式,用年轻人的声音来讲述年轻人心中的非物质文化遗产,用青春的视角去挖掘和解读绍兴地区的民间虞舜文化。通过这些努力,研究会在保护和传承舜王庙会文化方面取得了显著的进展。同时,我们的工作也为推动乡村振兴战略的实施和深化对民间信仰现象的研究提供了宝贵的支持和贡献。

自担任会长一职以来,我始终坚守教育者的职责与使命,着重激发绍兴文理学院大学生的潜能,让他们在舜王庙会这一传统活动中发挥积极作用。我深信,青年群体的热情与创造力对于非物质文化遗产的传承至关重要。因此,我不仅积极引导学生参与口述史的调研工作,让他们亲身感受并记载这一文化遗产的丰富内涵。同时,我指导他们创建公众号,以这一现代化平台为媒介,广泛宣传和推广绍兴地区的民间虞舜文化。我亦鼓励学生积极参与舜王庙会的各项民俗活动,承担文化宣讲的职责,向传承群体普及庙会的历史意义。这一举措不仅为舜王庙会注入了新的活力,也为培养青年一代的文化自觉和创新意识提供了宝贵的机会。在 2021 年,我指导的《青春激活非遗:以社会主义核心价值观引领舜王庙会文化传承与转型》项目,荣获"裕农通杯"第四届浙江省大学生乡村振兴大赛自选村项目策划书铜奖,这充分证明了我们的努力与成果得到了社会的认可。

2021 年,"舜王庙会"荣获国家级荣誉,成功入选第五批国家级非物质文化遗产代表性名录。在国遗申报书的撰写和申报片的制作过程中,我们团队经历了十数次的精心打磨和细致修改,确保每一个细节都能精准地传达舜王庙会的独特价值和深远意义。这一系列的深入工作极大地加深了我对舜王庙会的历史、文化及其在当地社会生活中重要地位的理解。这段经历不仅让我对这一非物质文化遗产的传承与发展充满了敬意，也更加坚定了我为保护和弘扬这一文化遗产而不懈努力的决心。同年，研究会被国务院正式授予绍兴舜王庙会的责任保护单位。

自那时起，研究会将工作重心放在舜王庙会的创新性传承上，致力于通过创新的方式保护和传承这一宝贵的文化遗产，确保它能够持续地为当地乃至全国的文化发展做出贡献。

研究会将创新的焦点对准了舜王庙会社戏，推动了社戏艺术的创新发展。我们致力于打造独具特色的《舜德润越》社戏品牌，这是舜王巡会会货、当地大中小学生对虞舜传说进行创新表达的社戏，以及中华舜裔宗亲代表祭祖性质的社戏的大汇演。更重要的是，这也是一场旨在宣讲虞舜文化和弘扬虞舜精神的沉浸式教学活动。我们创新性地恢复了具有地方特色的传统艺术，如犴狌龙舞、三星庆寿和三官拜忏等经典程式，并通过提高500名表演者的28种会货巡会队伍的演出技巧，成功地将传统的"巡走"表演形式转变为更具吸引力的"巡演"模式。

此外，我们还探索了将舜王巡会与村镇文化广场的社戏专场表演相结合的新途径，创新性地将社戏表演融入镇村文化广场的民俗活动中，使其成为社区文化生活的一部分。

我们致力于以年轻人能够认同、感知和体验的方式创新时代表达、青春演绎社戏，并专注于培养大中小学生的社戏表演能力。通过将虞舜传说这一神话故事融入剧本创作,我们成功地打造了"中学生版虞舜传说皮影戏表演队""大学生版八大臣会"和"中学生版犼犴龙舞会"等多样化的表演团队,让社戏这一传统艺术形式焕发出新的活力。这些努力不仅为地方文化的传承和发展贡献了力量,也确保了虞舜文化的传播和影响力得以持续扩大。

通过深度探索绍兴舜王庙会的丰富内涵与独特价值,我带领大学生吴越文化研究会团队成功实现了对非物质文化遗产基因从表层"查找"到深层"解读"的转变。在这个过程中,大学生社团运用充满活力的年轻视角,采用生动的笔调和富有创意的表达手法,精心拍摄并制作《对话绍兴舜王庙会传承群体》和《绍兴南部会稽山区舜王庙群》两个系列深入访谈视频。这些视频不仅记录了传承群体的声音和形象,更是通过影像的力量,让更多人感受到绍兴舜王庙会的历史魅力和文化价值。同时,我带领学生调研并撰写了详尽的《绍兴舜王庙会社戏》田野调研报告。通过这些工作,我们不仅加深了对绍兴舜王庙会社戏这一非物质文化遗产的理解,也为传统文化的传播与创新贡献了青年的力量。

随着年轻一代力量的不断壮大,我们积极寻求提高传承群体文化自觉性的新途径。举例来说,通过组织"虞舜文化宣讲团",我们走进了传承区域的村民家庭、教育性传承基地、社戏表演团队和巡会队伍。从多个角度,如道德文明、稻作文明、会稽山区文明以及中华人文文明的始祖等,全面展现了舜的形象,并广泛传播了绍兴舜王庙会的文化基因。这些行动不仅增强了传承群体保护虞舜文化遗产的自觉性和决心,而且有效地保护和传承了非物质文化遗产。

通过这些努力，绍兴人的舜王纪念得以在现代社会中展现新的生命力，成为连接古今的重要纽带，为中华文化的持续发展注入新活力。

第一章
明德虞舜，古刹千年

> 舜王庙古景色优，
> 传世美学画中游。
> 舜德千古历史长，
> 传承智慧庙中藏。

我成长于王坛镇双江溪畔，自幼便与舜王庙相伴。该庙坐落于风景秀丽的舜王山顶，距离绍兴城区约四十公里，地理环境幽静且优美。舜王庙历经千年沧桑，仍保持着精美的建筑风格和旺盛的香火。它不仅是历史的见证，更是虞舜明德和孝悌美德的传承之地，对于弘扬中华优秀传统文化具有重要意义。

舜王庙会，以庙宇为核心，汇聚了众多热闹而美好的故事。在我们探讨庙会的相关话题时，舜王庙无疑是不可或缺的重要一环。

根据南朝时期的《述异记》记载，会稽山上存在虞舜巡狩台，台旁有望陵祠。《述异记》由南朝梁代的任昉所著，这一记载表明，在南朝时期，会稽山南部山区不仅有祭拜舜的陵祠，而且庙宇规模宏大，香火旺盛。即便这些庙宇位于距离绍兴城区百里之外的山区，它们仍然受到了当时著名学者的关注，并被详细记录下来。到南宋时期，这座大舜庙依然享有盛名。在编修地方志时，不仅将其收录其中，还引用了《述异记》来谈论其起源。现存的舜王庙是在咸丰年间（公元 1851—1861 年）由监生孙显廷筹款捐建的。不幸的是，舜王庙的正殿和后殿在太平天国运动中遭到毁坏。同治元年（公元 1862 年），孙显廷再次发起集资，对庙宇进行了重建。这些历史记录不仅见证了舜王庙的悠久历史，也反映了人们对虞舜文化遗产的珍视和传承。

俯视全庙，一幅对称工整的平面图映入眼帘，尽显工匠大师的空间韵律感与节奏感。庙门面朝南方，分为三进。其中，山门和戏台于第一进；大殿于第二进；最后一进则为后殿。在以山门、戏台、大殿为中心的轴线上，东西两侧分布有看楼、配殿和外厢房，符合乡间庙宇建筑祭神、祝福、祈求、集会等传统文化生活所需的室内空间容量，也解决了各空间独立功能以外公共活动空间的关系。

一、三进三出巧布局，古往今来妙笔生

> 国保庙宇巧安排，
> 三进三出显神采。
> 舜王神威赫赫在，
> 古韵今风共徘徊。

建筑是无声的"博物馆",一砖一瓦都镌刻着时代的痕迹,在静静诉说时代的故事。推开那扇古老大门,扑面而来的是那个时代的风貌与气息。舜王庙便是江南审美的"无声代言",它的建筑部件精致无比,殿宇雄壮宏伟,结构独特,备受国内外建筑学家和艺术家赞誉。

1. 第一进——"山门"与"戏台"

"山门"面阔五间,中间三间置前廊,上置船篷轩,梁架上满布木雕,正中上悬的"大舜庙"蓝底金字竖匾,是见证了会稽山区沧海桑田的清代遗物。"山门"设计巧妙,为可活动拆卸组装的木榫结构,东西两尽间用封闭墙,墙面正中各有一扇石雕漏窗。东面一块取材于《水浒传》故事"智取生辰纲",四周围以暗八仙图案;西面一块为"蔡状元造洛阳桥",画面中有四位老人在松树下展图细视,笑容可掬,四周围以镂空夔龙图案。古代常以正中为至尊,"山门"也只为舜帝行像出入而打开,平常总是紧闭,往来香客进出从东西两边的侧门通过。每逢舜王庙会,这扇正中间的大门才会打开。在舜像出游时,司仪会先鸣三声礼炮示意,然后中间的大门正式打开,戏台中间的踏板也会向一侧打开,众人簇拥着舜像从大殿经过这条正中的道路出来,极具宗教仪式的庄重之美。

"戏台"的设计空间布局更注重功能和造型艺术。其坐南朝北,南檐与山门后檐相接,面对大殿,东、西、北三面突出于天井,与看楼、大殿保持着良好的视线距离。别看江南地区的戏台大同小异,其实各有讲究大不相同。舜王庙的"戏台"前檐以精巧高敞的木格拼花卷蓬技术构筑,具有轻盈、明朗,充满艺术美感。微微细节,大大彰显江南细腻的精致之美。

2. 第二进——"大殿"

舜王庙的"大殿"与"戏台"一井之隔,从天井上五级石阶便是。寺庙布局中常设一主殿供奉法力最高的神灵,舜王庙也不例外。从前"大殿"正中端坐着高大的舜像,两旁各站两位大臣的四大臣立像。20世纪末,改为八大臣坐像并塑舜王端坐中央。现在前殿东侧自内而外分别是掌管农业的弃、负责教化的契、掌管刑罚的皋陶和管理工业的垂;西侧自内而外依次是掌管山林的益、负责礼乐的伯夷、掌管乐典的夔和负责监察的龙。八座大臣坐像栩栩如生,守护在舜帝两旁,让人更能跨越时空感受这位平民帝王血肉丰满的鲜活形象,也为后人留下了永垂不朽的精神财富与寄托。从结构上看,"大殿"的设计玄机真是妙不可言,其每一观瞻都精心构思,采取半开放式,选材上采用粗大的木质枋材精细加工,在技术上采用五架抬梁式,减少了室内台柱造成的空间狭窄感,扩大了空间容量,以间为框,处处成画,恰到好处。

3. 第三进——"后殿"

"大殿"往北有一3.5米进深过道,两侧各设一石凳、一天井、两望柱,走过后便是"后殿"。"后殿"风格延续"大殿"的半开放设计,采用了五架抬梁式,带着前后走廊,前廊采用船篷轩设计,明亮通透。在明间后廊的正中央,有一矩形石基座,三面都刻有浮雕花鸟人物和亭台楼阁等图案,基座的沿口则阴刻着虞舜像三个字。殿内正中央是舜帝像,面呈五彩,头戴平天冠,足蹬韩靴,身穿蟒袍,手足可活动,衣帽鞋可脱换。相传从前舜帝行像为樟木雕成坐像，20世纪末重修后改为仿青铜塑像，还增塑娥皇和女英两妃神像。三座塑像具有深厚的历史和文化价值，是珍贵的文化遗产。

舜王庙的"三进"奥妙，便是这种峰回路转的出其不意，是错落结合的独具匠心。整体来看，主体建筑相互独立，各成一体。然而，正是穿插其中看似无关紧要的天井玄关，为这组封闭式院落营造了明亮、通透的空间艺术效果，展现出一种独特的空间韵律。

妙哉！妙哉！虚实相生之间，看似无景之处得最美，听似无声之中有天籁！

二、三灵三雕传绝艺，千古舜德响人间

舜德千古情延绵，舜庙三绝恒久远。曾有文物保护专家称赞绍兴舜王庙是建筑艺术的"集大成者"，其闻名于世的"三灵""三绝"令人叹为观止。这座庙宇被誉为清代江南庙宇建筑的典范，其建筑风格独特，构思巧妙、设计精妙、形神俱妙。

1. 三灵

"三灵"也称"三怪"，即"鱼灵（怪鱼）""树灵（怪树）""地灵（怪地）"，是赋予虞舜神话色彩的自然玄学解读。

潮涌舜江显"鱼灵"——每年农历九月廿七，舜王庙边的小舜江都会出现"鱼潮"盛况，只见一群鱼儿"心有灵犀"齐聚江面，统一头朝舜王庙的方向，仿佛虔诚地向舜王祈福。

枯木逢春展"树灵"——在舜王庙山门阶梯的边缘，有一棵堪

称"奇观"的百年樟树,其树龄超过五百年,犹如一位历经世事的老人。1976年,一场山火曾让这棵树奄奄一息,然而,在1979年,它奇迹般地恢复了生机,并且树干上的一处大洞也逐步愈合。枯木逢春犹再发,这股顽强的生命力让这片虞舜信仰庇佑下的山脉更添神秘。

拱石裂缝藏"地灵"——细看舜王庙大殿,会发现周围的石板地面中有一块五平方米不到的小丘,显得格格不入。据说,重修舜王庙以来,不论是重铺石板还是浇筑水泥,这块隆起的"小泥丘"总是会拱起,并不时引发异动声响。

2. 三雕

舜王庙"三雕"也被誉为"三绝",分别是指木雕、砖雕、石雕,这些雕刻工艺精细,线条流畅,形象生动,展现了中国传统文化的博大精深。

(1)舜庙"木雕"玲珑趣,古木重生焕新姿。

会稽山盛产松杉林木,舜王庙就地取材,工艺品以木制居多。其中,独具匠心的"木雕"技艺主要体现在雕梁画栋的细节。以庙中随处可见的檐柱牛腿为例,各处雕刻都独具匠心、颇有特色。瞧山门的牛腿,是"文武财神",寓意着开门见吉祥;戏台四周的牛腿则是"和合二仙""刘海戏金蟾""龙凤狮象",散发着祥瑞的气息,驱邪避凶;大殿的牛腿是"福禄寿喜",象征着吉星高照,好运连连;后殿的牛腿则展现出"兰竹菊梅",代表着四季更替,岁月流转;再看那看楼和配殿的牛腿,是广为流传的"十二生肖""渔樵耕读"和"八仙过海",真是妙趣横生,令人大开眼界!除了檐柱牛腿，梁架和雀替等木件也充分展示了当地木匠的精湛技艺。在深刻或贴花的精雕手笔下，经典故事（如《三国演义》《西游记》《封神演义》《水浒传》和"舜王二十四孝"等）在木材中得以重现，栩栩如生。

就连戏台也凝聚着"木雕"的绝技！戏台呈方形，带三层重檐，很是罕见。台面的木栏似屏似景，被当地人称为"吴王靠"或"美人靠"，顶上挂一"不图至斯"匾额。前台柱上的牛腿上分别雕刻"和合二仙"和"刘海戏金蟾"图案；后台柱上则是"雄狮嬉球"和"母狮扶幼"，相映成趣，妙不可言。戏台内顶有一藻井，由十六组斗拱组成，呈螺旋式上升，刻有"双龙戏珠"图样，远远看去，像是一个精致的圆形碗底。别小看这拱形设计，却是古代人民智慧的结晶——从前并无现代音响设备，穹顶设计巧妙运用声学原理，木板间的回声震动精准放大了戏台上演员们的声音。

（2）"砖雕"古墙泛金光，古韵犹存岁月长。

舜王庙的砖雕技艺，古老精湛，惟妙惟肖。在悠久的历史长河中，这项融于墙体的民间技艺，经过一代代匠人的传承和创新，形成了今天我们见到的砖雕艺术。

舜王庙的砖雕主要以浮雕为主，主要体现在舜王庙屋脊、垂脊及山墙墀头上，采用优质的黏土和细砂为主要材料，经过选材、雕刻、打磨等多道工序制作而成。其主题多为神话传说、历史故事、民俗风情等，画面丰富多样，人物形象栩栩如生，充满了浓厚的文化底蕴和艺术价值。

首先来看大殿的正脊，上面闪烁着四个砖雕大字"国泰民安",象征着伟大领袖舜的英明治理。在大殿屋顶正中,安置一瑰丽明镜,如同照亮世界的一盏明灯,镜上方装饰一高耸宝塔,犹如为民众提供指引的灯塔,明镜两侧画有凤凰,传言是娥皇和女英这两位舜妃的化身。砖雕与装饰相互映衬,各美其美,让整座大殿屋顶充满了生机、创意与神秘。

再看这两侧垂脊与山墙墀头的砖雕,也极具神话魅力。垂脊前端设有仙人走兽的灰塑像,分别是明君"杨坚"与神童"哪吒"的塑像在山门、大殿和后殿的山墙上,精美的砖雕无处不在,分别展示亭台楼阁、戏曲故事、典故传说等各类场景。无论是哪一幅砖雕,都仿佛让人置身于一个充满神话色彩的奇幻世界。

(3)"石雕"千年显真情,长河落日写春秋。

如果说木雕与砖雕以其精细精湛的技艺主打"小而美"的风格,展现出独特的艺术魅力,那么舜王庙的石雕则选择了截然不同的路线——追求"大而全"的冲击感。会稽石雕艺术以其雄伟壮观、细腻精致的技艺,彰显了稳重大气的审美风格,给人们带来了强烈的视觉冲击和心灵震撼。这些巨大的石雕作品不仅展示了雕刻工匠的高超技艺,也展现了中国传统石雕艺术的博大精深,主要集中在大殿前檐的四根檐柱上、《西湖胜景图》巨幅石雕以及山门前檐墙那些精美的石窗上。

一踏入大殿,映入眼帘的就是那四根雄壮的"盘龙卧凤"石柱,又叫"龙凤柱"。明间那两根石柱,直径足足有40厘米,上面雕刻着栩栩如生的"云龙",而次间那两根石柱浅浅地刻着"栖凤"。这些龙凤柱在江南地区可是难得一见,可谓珍贵。

在舜王庙大殿东西墀头墙内壁，有一幅名为《西湖胜景图》的巨幅石雕，堪称石雕之绝。这幅巨作高2.12米，宽0.68米，面积约3平方米，取材新昌嵊州一带的西坑石质。东壁石雕自上至下题名"静观自在""天幽林""风波亭""岳庙""忠孝节义""保俶塔""望越门""望江楼"等胜迹，方寸之间万千之地，石板为纸，工刀作笔，西湖胜景，尽收眼底。

沿着山门踏入舜王庙，东西梢间前檐墙上的这扇石窗雕刻精细，独具特色。其图案雕有"松下三老图""松下展卷图"等，构思巧妙，线条流畅，刻画出的人物形象栩栩如生，仿佛能让人听到他们的呼唤声。石窗的雕刻工艺更是精湛，每一刀都充满了艺术感，即使在细节之处也毫不含糊，充分展现了古代匠人的智慧和技艺。

三、三区三游展特色，与时俱进扬风采

千年古迹舜王庙，见证着会稽山区的沧桑巨变，也随着时代的风云变迁发展蜕变。改革开放后，无论是地方政府还是乡贤精英都将振兴优秀传统文化作为重要目标，积极参与舜王庙建筑以及虞舜文化的保护与弘扬。

目前，位于绍兴双江溪的小舜江北岸的舜王庙，已被评为AAA级旅游景区。当地政府积极主导，致力于将其打造成为一个集历史文化、休闲娱乐以及自然风光为一体的虞舜信仰观光胜地。在过去几年的庙会活动中，我带领研究会充分利用这一平

台，提供一站式的深度体验。我们努力将虞舜的精神内涵融入每一处细节，将其传播至更广阔的地域，让更多人了解并感受其深远影响。

第二章
祭舜大典，生日盛宴

一、演唱庙戏，娱神娱人

> 会稽峰下舜王辰，
> 庙戏声声庆诞辰。
> 山民齐聚庆嘉节，
> 庙里庙外乐陶陶。

21世纪初，我为了研究绍兴戏俗，多次采访有着"当代绍剧一代宗师"之称的名角十三龄童王振芳（1933—2016，首批绍兴市非物质文化遗产［绍剧］代表性传承人，享受国务院特殊津贴）。他出生自绍剧世家，他的父亲王纪发和祖父王茂源都是当地有名的绍剧演员，他跟着父亲在舜王庙会期间去演过庙台戏。他对舜王庙会庙台戏能娓娓道来——

绍兴自古有老话"绍剧争天下，越剧讨老婆"，当地普遍认同

"绍剧为正剧、越剧只谈情"的习俗。出于对舜帝的尊重和受父权社会思想的影响,双江溪舜王庙戏台只准演绍剧,越剧一律不准登台,且绍剧戏文中的女角由男角来演,即女绍剧演员也被排除在戏台外。

至于庙台戏,一般来说要演三天三夜,如果是轮到两溪社、王坛社等大社当值,那能热闹上五天五夜。有的香客特意远道而来,晚上不回家,能看戏消磨时间,大家一边听戏一边谈天说地,也不失为一大乐趣。虽然这戏唱的时间长,但程式是固定的,从"五场头"到"突头戏",最后是"整本戏",各具特色又不离其宗,绘声绘色地撑起整台庙戏。

庙戏的"前奏",也就是"五场头",简单分为"头场""二场"和"彩头戏"。

按当地的习俗看,虽然是热场演,但"头场"仍代表着整台戏的气势,至关重要。这场俗称"闹头场"的演出,主要以套式锣鼓这种热热闹闹的表演形式向八方神灵和当地信众传递开演的讯息。相对于开场的恢弘气势,"二场"的唢呐吹打更像是盛宴后的短暂小憩,"日场"和"夜场"依惯例分别演奏牌子曲《浪淘沙》和《水龙吟》。

第三至五场演"彩头戏",这是以动作为主的小戏,规定只在开场当天表演,一般演"庆寿"(祝贺延年益寿)、"跳加官"(祝愿官运亨通)、"跳魁星"(祝颂登科及第)、"小赐福"(赐予福音)、"掘藏"(即"调财神",铁树上吊上各色讨彩头的水果,恭喜发财)之类主题,寓意是带给信众有福、有禄、有寿、有财的美好祝福。

如果时间充裕，根据庙会需要会全部表演，如果时间有限，那"庆寿"和"跳魁星"是必演的。

"庆寿"里比较有名的是《三星庆寿》这场戏，出场顺序排在祭舜大典仪式之后。戏中分别有"福星""禄星"和"寿星"上台为"舜帝"祝寿，同时展示如"人寿安康""福满人间""寿比南山""财源茂盛"等字样的卷联祝福信众。这场戏的特色是要唱两遍，在戏台上唱完一出后紧跟着来到舜王供桌前再唱一遍，这样叫"落地庆寿"。两遍唱毕由当值社首念祭文，到此"庆寿"也就正式礼成结束。

至于"跳魁星"的程序各戏本大同小异，因为当地风俗里魁星主科举当官，是读书士子的守护神，也寓意仕途亨通，所以我们也习惯叫"调魁星"。这场戏表演时有大小魁星共五人，当年王老给我说这出戏大概的流程，讲到精彩的地方还现场哼唱起来。先是"大魁星"闪亮登场，只见他头顶五岳朝天魁星，身着威风盔甲，左手捏魁星斗，右手握朱笔，头戴乌纱帽，一身绿袍系五色腰带。随后，四个"小魁星"身着统一服饰，头套脸具，分别手执灯笼、朝笏、纱帽和印信，取意"文星高照""当朝一品""万里封侯"和"官上加官"。等负责为"大魁星"念台词的"天官星"上台落座后，大小魁星的表演才算正式开始。只见"大魁星"面北作蘸墨挥毫状舞动，"天官星"和着舞蹈唱起念词："三月桃，八月桂，桃熟桂香敬祝万寿无疆""五月风，十月雨，风调雨顺永保平安吉庆"。念毕，四个"小魁星"从舞台两侧下场，"大魁星"在台上起舞不停，"天官星"继续念："东方甲乙木""南方丙丁火""西方壬癸水"和"北方庚辛金",四位"小魁星"从"天官星"所依次上场站到舞台东南西北四角的椅上。"大魁星"边作蘸墨挥毫状,边踢着铠甲绕着舞台转,"天官星"念:"表去得庐,衣锦英杰归,金榜题名,联科及第。"待"大魁星"跳毕,天官星继续念:"接灯者文星高照。"东边立着的"小魁星"手提着的高竿灯笼,从椅子上下来后向"天官星"一鞠躬,在"大魁星"用笔向它一指后迅速下场。其他三位"小魁星"在听到"天官星"念"接笏者一品当朝""接官者官上加官""接印者万里封侯"后依次持自己的道具从南西北作同样方式下场。"天官星"到此完成任务,在锣鼓声中下场。"大魁星"还需跳一组结尾动作。整个仪式前后半个多小时。

鼓乐齐鸣的"前奏"结束后,接下来就庙戏的"高潮"部分,第二出"突头戏"。

如果说这"五场戏"的重点在面面俱到,热火朝天开启庙戏盛宴,那"突头戏"则是提纲挈领,既展现唱做齐全的视听效果,更注重剧情的紧凑性,尤其讲究突出"大团圆"主题以凸显喜庆的彩头。"突头戏"只演一场,但剧情环环相扣,且剧本编排结合了观众的娱乐和对舜的敬重,总之,观众不仅有阵阵笑声与掌声,也看得格外认真。

"突头戏"是唱做齐全、剧情紧凑的热闹戏。突头戏既有基本剧情娱人,又可压住台下观众的嘈杂声的热闹,演剧必须以"大团圆"结局来讨喜庆的彩头。以折子戏为主,像《狸猫换天子》《龙虎斗》这样的戏常常换着演。尤其是《芦花记》年年必演的,这部戏主要歌颂舜的孝心,王老当年演的是舜的父亲。

《芦花记》这部戏的故事情节大概是，舜的继母给自己的亲生儿子象穿丝绵芯做的棉衣，却给舜只穿芦花芯做的棉衣，天寒地冻，舜冷得发抖干不了活，舜父以为其偷懒便打舜，没想到棉衣破了飞出芦花，舜父才发觉事情真相，于是气得要去打继母，没想到舜竟跪在地上，苦苦哀求父亲原谅继母。故事看似简单，却把舜的孝悌蕴藏其中，这个表演也深受当地民众的欢迎。

《芦花记》是舜王庙墙壁上画着舜的二十四孝故事之一，可惜壁画在20世纪80年代修缮时因缺乏保护意识而被铲除了。

对于真正的戏迷来说，"突头戏"演完就散场回家是绝不过瘾的，大家最期待的是最后情节生动曲折又完整的"整本戏"。

虽然"突头戏"演出结束已是深夜，台下的观众却依旧在等待着压轴大戏"整本戏"的到来，这份热情也是对演员最大的鼓励。通常，为了表示完整性，"整本戏"用《龙凤锁》《双合桃》《紫霞杯》和《倭袍》等长篇剧本。若剧情中无大团圆，必须由正旦扮新娘，小生扮新郎，一起拜堂送客，俗称"无名状元拜堂"，否则视为不吉。戏曲终了，观众一次性饱尝了庙戏与绍剧的魅力，到家再晚也觉得值！通宵宿山的民众也有戏曲相伴。

在这片舜帝福泽的土地上，有许多像王老一样的绍剧演员。在他们心中，祭舜大典上的社戏不仅是一次简单的登台亮相，更是一种深沉的信仰表达。

舜王庙会恢复时，双江溪舜王庙不允许香客宿夜，通宵达旦演出"整本戏"自然无法安排，请绍剧团演"突头戏"也因成本太大，无法每年演出。研究会致力于挖掘和培养具有强烈的表演性、鲜明的地方特色以及能够弘扬舜德精神的会货表演队伍。为此，我们采用现代手法对传统节目进行重新编排和演绎。针对当地民间剧团、广场舞表演队伍和大中小学生，我们实施了专门的培训计划。同时，我们还邀请了外地的舜裔社戏表演队伍加入，以丰富文化活动。

到了2023年舜王庙会举办时，我们已经具备了上演12个各具特色的社戏节目的能力。这些节目包括了舜王巡会队伍带来的精彩演出，如龙会舞龙、狮会舞狮、八仙会八仙庆寿、三十六行会三十六行、白神会跳无常、丝弦会丝弦敲鼓、三星会三星庆寿、十番会表演落地庆寿和丝弦会丝弦锣鼓等。除此之外，在研究会的指导下，当地的大中小学生采用创新的方式展现了虞舜传说的独特魅力。例如，王坛镇中学的中学生创作并演出了以虞舜传说为主题的皮影戏和狌犴龙舞；王坛镇中心小学开展了"与四千年前舜王跨时空对话"的创新项目；绍兴文理学院的学生们则通过表演大臣会八大臣议政的场景，将这一传统故事生动地呈现给观众。这些活动不仅激发了学生们对传统文化的兴趣，也为虞舜传说的传承注入了新的活力。同时，来自开化县马金镇姚家源村的姚氏宗亲，作为中华舜裔宗亲的代表，献上了具有祭祖性质的马金姚家扛灯社戏，为庙会增添了一份庄严肃穆的氛围。通过这些丰富多样的文化活动，我们不仅传承了传统文化，还使其更加生动活泼，与现代社会紧密相连。

如今双江溪舜王庙社戏以"暖场"形式出现，为祭舜大典仪式前娱神,为绍兴市虞舜文化旅游节开幕式前娱人。庙内暖场社戏演出,在祭舜大典前,先是庙内天井龙会舞龙、狮会舞狮和十番会落地庆寿,接着戏台上八仙会八仙庆寿、白神会跳无常、三十六行会三十六行、三星会三星庆寿、八仙会财神赐福。

祭舜大典结束后,在后殿开始拜三官忏。"三官"为道教中的天官、地官和水官,在这儿是指唐尧、虞舜、大禹,分别主管赐福、赦罪、解厄。

主庙双江溪舜王庙的祭舜大典、社戏表演和王坛线巡会结束后的这几天,即农历九月廿五至廿七,下位舜王庙群也演社戏共庆舜王生日。谷来镇吴山舜王庙和王坛镇湖墩舜王庙作为舜王庙会两个主要分场,不仅有八仙庆寿、落地庆寿等小戏,拜忏结束后还上演"整本戏",多以越剧为主,大团圆结束。"折子戏"经费一般由当地商人出资,也有村庙自己出资。"整本戏"下午一点开始,晚上十点左右结束,没有演通宵的。

采访后记:

在绍兴南部会稽山区,这场流传千年的盛会,不仅是一次庄重的传统民俗仪式,更是一个将虞舜文化与民间表演完美融合的舞台。这些精彩的表演颇具地域特色,穿插在庄重肃穆的仪礼之间,既增添了庄重感,也赋予了大众化的参与氛围,让人们充分感受庆典和传统文化的深度融合。

二、敬献福礼，宴请舜王

> 福礼献祭大典中，
> 香气袅袅腾云空。
> 神灵显赫人共仰，
> 心诚者得永福祥。

传说舜的生日是农历九月廿七，旧时座会从农历廿六开始，持续三天到九月廿八结束。如果当值的社是个大社，那么祭舜活动就从农历九月廿四开始，一直持续到九月廿八结束，总共五天。

祭舜活动由当值的社负责操办，对于主办这场典礼的社首来说，他们首先要做的是挑选出合适的贡品。从史料记载中看，舜王的祭祀大典和传统庙会祭祀仪式在献礼方面并没有太大的差异，同样是以"三牲""五牲"为主。

在传统礼教中，大型祭祀选用"牛、羊、豕（即猪）、犬、鸡"五牲作为献礼，但世居于此、世代农耕的会稽山区山民却选用"羊、猪、鹅、鸡、鱼"五牲，不用"牛"。因为他们认为，当年大舜耕田、福泽百姓时，耕牛功不可没，舜王爱惜耕牛，不可能吃牛肉。会稽山区百姓因此格外感激耕牛的辛苦劳作，不忍心杀牛取食牛肉，更不愿割宰牛头，家祭时也不准用牛肉。这份对牲畜的善意，是农耕文明背景下农民处事的哲学，更是对稻作文明始祖舜王的敬爱表达。

五牲中以"鱼"替代"牛"。听老辈人说，这"鱼"应该选用鲤鱼，寓意"鲤鱼跳龙门"，但怕祭祀时鲤鱼乱跳，再说祭舜贡品一直放在供桌上，只好用"白鲞"来代替。会稽山区山民祭祖时供桌都有条整鱼。在贫苦百姓人家中，即便在大年三十，也会用木头雕刻成鱼的形状，把它们放在祭祖或招待客人的供桌上，作为节日装饰，以此表达对"年年有余"的美好祈愿。

用"杂色"的牺牲来祭祀舜王，被认为是对舜王的不敬，在舜王祭祀中，猪、羊、鸡、鸭都要纯色。山区人民因陋就简，猪用猪身上的元宝肉，羊用羊头，鸡、鹅是整只的。

供品除了五牲福礼外，还要摆三茶、三酒、三饭及各种水果。"五牲"是舜王的主餐，旁边的"三茶""三酒""三饭""二十四碗汤圆"和时令水果糕点都是给舜王准备的点心。"三茶""三酒""三饭"数字加在一起凑成一个"九"，"九"在古代寓意功德圆满，表示大家对祭祀典礼的重视。"二十四碗汤圆"寓意一年四季圆满美好。

摆完供品，就要在天井里放爆竹和铳。接着，在当值社首的带领下，其他各社社首列队在舜王大帝像前行三拜九叩之礼，并说些祈求来年风调雨顺、五谷丰登、生活安康之类的吉祥话。

如今的祭品由柯桥区代表性传承人孙根凤及其父亲孙阿兴筹办。每年农历九月廿四清晨，刚过七点，孙根凤父女便会在后殿摆放供品：三牲福礼三盘、馒头二盘、水果拼盘二盘、水果糕点九盘、二十四碗汤圆，五茶六酒。前殿摆放的供品：二十四碗汤圆，五茶六酒。前殿天井预备着祭舜大典的献品：五牲福礼六盘、馒头二盘、五谷丰登一盘、水果糕点拼盘一盘。

采访后记：

  中华大地自古便有"礼仪之邦"之美誉，其中"设宴款待"更是家喻户晓的待客之道。在会稽山区，这一古老的礼仪在敬献福礼、宴请舜王的仪式中得到了充分的体现。这不仅是对舜王的敬仰，更是对传统文化和礼仪的一种传承和尊重。这不仅丰富了祭舜大典的内涵，也使得这一古老的传统能在现代社会中延续和传承。通过这样的活动，人们不仅能感受传统文化的魅力，更能够加深对传统文化和礼仪的理解和认识。

三、民情汇报，答谢舜王

> 齐声诵读祭文篇，
> 弘扬传统美德礼。
> 后代继承舜王志，
> 谱写会稽新篇章。

  说是"民情汇报"，实际上是我给祭舜仪式上特别的"三拜九叩之礼"起的俗称。这场仪式在向舜王像前献过五牲福礼、鸣铳爆竹之后，当值社首带领各社社首列队在舜王大帝像前行三拜九叩之礼，并说些祈求来年风调雨顺、五谷丰登、生活安康之类的吉祥话。这只是和舜王的"暖场问候"，真正的"汇报"才刚刚开始。

在各社社首行礼之后，参祭者在主祭的带领下行三拜之礼，并说些祈求来年风调雨顺、五谷丰登、生活安康之类的吉祥话。

行礼完毕，有绍剧团唱"三星庆寿"。演员扮成福、禄、寿的模样，先在正殿对面的戏台上唱，一出完毕后，下台来到舜王供桌前再唱一遍，这样叫作"落地庆寿"。唱毕由当值社首念祭文，主要意思是歌颂舜王贤德事迹，祈求舜王赐福，保佑一地平安。祭文诵念完毕，在殿前香炉内焚烧，再行叩拜之礼。至此，祭祀仪式宣告结束。

2000年，双江溪舜王庙的祭舜仪式得到了恢复，并参照了官祭帝王的形式，由官方主办。到了2010年，随着绍兴市虞舜文化研究会的成立，官方将主办权移交给我们，并逐步形成"研究会牵头、地方政府协助"的新模式。在新时代背景下，祭舜大典不仅提高了本土虞舜文化的知名度，还促进了当地经济的发展，并且将虞舜的传说故事及其代表的德行美德传播给了更广泛的群众。

经过研究会与王坛镇人民政府的深入讨论与周密规划，最终决定将祭舜大典定于农历九月廿四举行。这一决定是基于对农历九月廿五至廿八期间大量香客涌入和交通压力剧增的综合考量。当天，为期一个月的绍兴市虞舜文化旅游节也将拉开帷幕。我下面简要概述大典的流程。每一个环节都充满了庄重与肃穆，充分展示了我们对舜帝的崇高敬意和对传统文化的尊重。

上午九时三十分，双江溪舜王庙内庄严肃静，王坛镇社会各界人士在此隆重举行祭舜仪式。只听见主持人朗声宣告祭舜大典开始，参加本次祭舜典礼的有市、区有关领导、王坛镇党委政府有关领导、虞舜文化研究会有关专家、王坛镇企业家代表及社会各界人士。祭舜大典的仪式如下：

第一项仪式：请全体肃立雅静9秒钟。

第二项仪式：在细乐《渔舟唱晚》伴奏下，工作人员鸣铳九响，寓意舜定九州。

第三项仪式：在细乐《故宫之神思》伴奏下，向舜王大帝敬献贡品。

（第一轮）三位企业家代表就位后，净手，分别接过肉、猪头、鹅上殿，向舜王大帝敬献贡品，行三鞠躬礼。礼毕！复位。

（第二轮）五位企业家代表就位后，净手，分别接过馒头、五谷、鸡、白鲞、水果上殿，向舜王大帝敬献贡品，行三鞠躬礼。礼毕！复位。

第四项仪式：在细乐《故宫之神思》伴奏下，王坛镇各界乡贤代表敬香。礼毕！复位。

第五项仪式：击鼓34响，代表全国34个省市区。

第六项仪式：在细乐《故宫之神思》伴奏下，各级领导敬酒。净手，接酒，上殿，行三鞠躬礼，敬酒。礼毕！复位。

第七项仪式：在古筝轻音乐《高山流水》伴奏下，恭读祭文。

王坛镇人民政府镇长面向舜帝像，神情庄重，朗声恭读祭文。

最后一项仪式：行礼。全体肃立，面向舜帝。一鞠躬！再鞠躬！三鞠躬！

礼成。典礼结束。

双江溪舜王庙举行盛大的祭舜典礼后，次日（即农历九月廿五），位于谷来镇的吴山舜王庙亦将举办一场庄严的祭舜大典。这一活动是自2012年起在研究会指导下设立的分会场。尽管场地设施略显朴素，但祭祀的流程和礼仪丝毫不减庄重与严谨。参与祭祀的人员包括绍兴市虞舜文化研究会的核心领导成员、谷来片区舜王庙会的组织者，以及为谷来片区舜王庙会慷慨解囊的企业家们。同时，谷来镇文化站也派遣了代表参与这一庄重的祭祀仪式。

采访后记：

祭舜大典是个以舜王为神灵，庙宇为场所的社区祭祀活动。不同于绍兴的官方大禹祭典，舜的祭祀一直由民间来操办，这已经形成了一套"生于民，长于民，盛于民"的民间模式。这是基于上古传说的历史背景，带有浓厚会稽山区本土特色的人与人、人与神、人与自然的全面对话。

祭祀仪式一般在正殿内进行，传统仪式本身并不复杂，程序与周边一些庙宇的祭祀活动也没有太大区别。然而，仔细观察祭舜仪式的流程和细节，我发现相比其他同类祭祀仪式，舜典更加注重搭建平民百姓与这位始祖之间的"对话桥梁"。这种强调"神"高高在上的对话性，让民众在敬畏的同时，也有了更多诉说的机会，仿佛还原古代帝王爱民如子，巡游四方的场景，也体现了当地对虞舜的敬爱。这种真挚又独特的"诉说"在祭舜大典的"民情汇报"环节尤为突出。

四、全民赴庙，共同祈福

> 结缘积福舜王前，
> 求签问卜解心弦。
> 宿山夜话星辰下，
> 共话丰年好梦圆。

对于在仪式上观看"五牲献礼""民情汇报"和"庙戏祝寿"的香客而言，自己不仅是观众，更是参香、诵经、祈愿的主角。当地百姓对"舜王菩萨"的尊崇不仅源于对历史的敬畏，更藏着一份祈求好运的期待。这种扎根本土、世代相传的虔诚之心，让庙会历经千年逐渐成为一场融合各教典仪精华又独立于常规祭祀活动的盛会。无论是众所瞩目的主祭人、积极参与的参祭者、热情洋溢的表演者，还是乐在其中的普通香客，大家都能在这场盛事中寻到属于自己的精神依托与生活价值。

在神圣的大殿里，祭舜仪式庄重肃穆，让人们亲身体验到了传统仪式的权威感；在温暖的厢房内，祈福诵经络绎不绝，让人们深深地感受到了吴侬软语的质朴乡情。

也许正是因为这股"热乎劲儿"与亲切感，大家"结缘"积福、"求签"问卜、"宿山"共话,才使得这场盛宴始终洋溢着无尽的人气!

绍兴南部会稽山区民众认为"结缘"能积福,舜山庙会的宿山者香客会多带些自制的糕点零食,互相间分着吃,俗称"结缘"。比如我的祖母和母亲平时很节省,但赶舜王庙会拜菩萨一定会准备许多能分享的零食,分享给一起念经的香客。"结缘"不限于庙会,我家每年清明上坟时也会准备些"结缘"零食,分享给路上碰到的熟人。"不是亲人胜似亲人"般的缘分不仅将来自五湖四海的民众连接在一起,也连接着人们对庙会的感情。旧时在山门外还设茶水棚,二十四小时全天候供应茶水,由"茶汤会"专门负责。如今"茶汤会"不复存在,但"结缘"依旧。

旧时"求签"是到舜王庙的"必打卡"项目之一。在当地百姓看来,舜王庙的签宛如"穷途之事舜开路,惊险之境必护航",平日就有不少人来求签,每到庙会时更是络绎不绝。在后殿东首有一排小柜,形如中药店里放中药柜,里面放着签经纸,香客求得竹签后,可根据签号前来自行提取,不用花钱,也没有解签人,若有看不懂的地方,庙祝会义务讲解。舜王庙会期间,有一批人在庙内摆摊为香客解签,解签的人用的是江湖术士的那一套方法,同样的签可有不同解法,因人而异。

舜王庙里的签诗一百首,每篇各藏一则人生哲理,旨在引导世人行善和践行孝道,签诗和签诗的解读处处体现了这种唯物辩证法思想,任何下下签总有解脱之法,解签者因人而异地给你指点迷津。相传这是在清代咸丰年间,监生孙显廷召集了附近一百多名秀才,共同撰写而成的。庙内设有一排小柜,香客求得签诗后,可根据签号自行领取。若有不解之处,庙祝会热情解答,分文不收。都说"解铃还须系铃人",求签时是"解签得看求签人",就像同一盘棋,不同的人有不同的解读,每个人都能找出属于自己的赢法,因人而异,颇有趣味。

除了求签,旧时向舜王"问卜"也十分热门。问卜,也称为问询,以两片竹片代为转达神灵旨意,以预测未来运气的好坏。询问者手夹两片竹片,在舜王像前祷告一番,心中默念所求愿望,向菩萨祈祷默念问卜的内容,三跪九叩首,然后将竹片掷向地面。如果两片都是正面,被称为"阳爻",不同意;如果两片都是反面,是"阴爻",非常反对;如果一正一反,就是"大吉",完全同意,称为"太辈上升";如果两片立起来,表示菩萨"不语",你问了不该问的,生气了。办不办、怎么办舜王庙会,也要用占卜方法听听舜王大帝的意思。每年八月初一,各社首在舜王庙举行例会,通过求神问卜的方式,决定今年搞不搞巡会,什么时候巡会,巡会经过哪些村子,在什么地方吃午斋,在什么地方过夜。用两片竹片或者木片抛在舜王神像前,若是两片同为正面或同为反面,就是逆罡,表示舜王不同意他们的决定,若是两片不一致,则表示舜王答应。如遇到特殊灾害(山区主要是旱灾),也要巡会,其决定方式同上面一样。

旧时许多香客会到舜王庙"宿山念经"。农历九月廿三开始就有人来"宿山",诵经不断,昼夜不停。不过,双江溪舜王庙成为国家级文物保护单位后,不允许晚上住下来,也担心出事情,但老太太早上三四点就赶来念经了。

宿山赶来念经的香客，大多来自绍兴、嵊县、上虞、汤浦、上浦和诸暨枫桥，甚至有些落户在上海、杭州等外地的民众特地赶回来，多是五六十岁的中老年女性。或许是受到佛教的影响，不知从何时开始，香客相信"在舜王像面前念经可以添福添寿"的说法，一些讲究的人家还会穿新做的蓝布长袄，以示隆重。

为了祈福，香客们围抱樑柱，抚摸神轿，钻神轿轿底，还会带来供品，主要包括香烛、纸钱、糖糕、水果等。

香客们的祈愿内容因人而异，通常围绕求子、求财、求婚姻、求健康、保平安这些方面，因为在民众心中舜王是无所不能的。若愿望实现，香客就会来还愿，还愿的方式很多，可以捐钱、带五牲福礼，或者"扮犯人"。在当地，"扮犯人"是还愿、忏悔、巡会中常见的仪式。

采访后记：

虞舜，三皇五帝中的至孝楷模，被誉为天下明德的领路者。时光飞逝，学者们对这位神人的身世各抒己见，但在会稽山区淳朴的民众心中，他还是稻作文明始祖、地方最高神灵，熟悉他从小听到大的传说故事，尊称他为舜王菩萨、舜王大帝。每逢舜王菩萨的诞辰，当地民众都会不约而同前来朝拜，向舜帝表示虔诚的敬意。

作为位于绍兴南部会稽山区最具有历史文化底蕴的民间舜王庙会，早已超越了纯粹的宗教信仰，不仅成为人们日常生活中不可分割的部分，更深深扎根于当地的社会结构、生活实践、民众心理等各个环节。这些环节共同构建了这片土壤的独特气质，源远流长的文化精神和浓厚的虞舜情结！

第三章
舜王巡会,精心安排

一、百村结盟,会社合力

> 会稽山区百村盟,
> 舜王庙会聚英才。
> 社火辉煌舞翩跹,
> 表演组织展风采。

舜王巡会的规模异常庞大,社戏表演的种类和数量都极为丰富,任何一个村庄都难以独自撑起这份场面,而是需要村落间齐心协力,一起合作,组织实施。这场被称作当地最大规模的民间盛会,牵动了整个绍兴南部会稽山区,也让我深深感受到了舜王后人的团结力量、严谨的自律精神、与时俱进的创新思想。这群可爱质朴的赤子,心心相印,携手共进,百村结盟,创造了以舜王信仰为纽带的社会群,并将"社"与"会"这两个组织发展为重要载体,持续发光发热,推动了活动的顺利进行,也让传统得以代代相传。

"社"与"会"隶属于庙会的普通民间组织，这二者都是民间自发形成的群体。由于需求和目标相同，每个组织都有自己的领导者，各行其是，互不干扰。只有在舜王巡会期间，这两个组织才会联合行动。换句话说，在一定程度上，"社"与"会"的存在不仅为活动的顺利进行提供强大的后勤保障，而且能更有效地凝聚当地民众，因时制宜，为民众提供互助互动的平台。

1. "社"

如果真要找一个现代的词去解释"社"，有点类似的名是"乡贤帮"或"同盟"，这种区别于以姓氏宗族为标准而以舜王信仰而凝聚起来的集体形式，更像是虞舜文化一簇簇的星星之火。我们老一辈就常说，每个"社"大家拧成一股绳，守护一方水土。

对于我们这一带"社"的数量还真的很难说清楚，都要根据当年各地的条件来定。听老辈说最盛时有36社，也有说是32社的，分布范围东到绍兴县王化、宋家店，上虞上浦、汤浦一带，西至诸暨枫桥，南及嵊州的谷来、马溪一带。但有几年经济萧条，就不得不缩减至13社，活动范围也大大缩小。

跟固定的行政区域不一样，社的大小是"因村制宜"的。虽然没有一个成文的固定标准，但必须得考虑每个村子本身实际情况，有的是一村一社，也有的是几个村落联合共建一社。简单举个例子，像王坛、稽东一带同村一姓或几大姓的情况非常普遍，比如稽东镇的童家岭村都为李姓，杨宅村多为杨姓等，这些村落人口多，宗族势力强，本身就有实力可以单独建社，或者成为一社里的核心力量。相反，在刚举例的这些大村附近有一些小村落，自身"势单力薄"难以单独成社,于是大家"依附大树"或"抱团取暖"。现在我们常说的"双溪社"就包括双溪、罗镇、长岭三村,"马溪社"包括马溪、显潭、铜坑、大岩、大堡等村落,"孙岙社"由孙岙、张湾、湖墩和赵岙四村组成。可别看这小小社名,拥有本社的"冠名权"意味着该村的实力位于各村之首,在处理本社事务的时候也有更多话语权。

一社之内排序有要求,一社之外各社巡会的顺序更是讲究。在巡会中,社排序越靠前,说明分量越重,尤其是头社,相当于群"社"之首。以前网上很流行一句话"欲戴王冠,必承其重",用来形容头社很是恰当。享受着位列榜首的荣耀,头社自然也受到其他各社与舆论的高度关注,在过去,由于头社行事不符合祭祀规程或有所差池导致各社不满甚至引起纠纷争执的事情也有发生。

至于各社的座位和排列顺序,据说是当年通过抽签的方式决定的。我们现在普遍认为"孙岙社"是第一社,因为清咸丰年间重修双江溪舜王庙的筹措人是孙岙人孙显廷。当然,这个说法一直遭到"上王社"强烈反对,上王村始终坚信自己村是第一社。这里有个传说,我就简述一下:传说上王人是王羲之的后代,村里存有王羲之留下亲笔书写的"董静永奠"四字匾,后来这块匾在初建舜王庙时作为献礼供奉,大概是这份礼物感动了舜王大帝,所以在抽签时"上王社"抽到第一社。各家说法一直争论到民国,当时重新整顿抽签,确定王城为第一社,包括藤岙;双江溪为第四社,包括罗镇、长岭;孙岙为第五社;马溪为第七社;童家岭为第九社;喻宅为十一社,包括沙坞、竹来山等村;王坛为第十二社;蒋村为第十三社，包括相家等村。

与"村长"的叫法不同，社的领头人我们习惯称为"社头"或"社首"，主要承担庙会、巡会的组织、协调及资金的募集工作。作为自发形成的民间组织，舜王庙会的社不像可以营利的公司，既没有固定的田产可以创收，也需要占用社员们额外的时间，日常运营与盛会举办都主要依赖于社首发起的临时募集资金。因此，过去社首多是由当地有一定社会地位、经济实力和组织号召力的乡绅、地主担任。在新中国成立前，"双溪社"社首是当时绍兴县副县长于宝墨，"孙岙社"社首是当时孙岙乡乡长孙季康，后来又由当地的保长孙东明担任，"马溪社"的社首马忠国是当时绍兴县的参议员。

旧时，舜王庙会是每年都会定期举办的，每年农历的八月初一，各社的头领们就会聚集在双江溪舜王庙，共同商讨有关舜王庙会相关事宜。其中，关于"今年是否举办舜王庙会""巡会的时间和路线"等问题，都听从舜王的"心意"。至于怎么了解舜王的这份"心意"，社首们自有"妙招"，他们采用如同香客"问询占卜"一样的方法，借菩萨像前的"阴阳罡"来传达舜王的"回应"。可别小瞧这带点迷信色彩的决策方式，这确保了各会社之间话语权的公平性，避免了矛盾的纠纷。若得到舜王允诺的旨意，各社便按部就班地开始安排有关会货种类、数量、人数、物料等具体事宜，并且向各村送"帖"以示庙会通知与邀请。

在全盛时期，舜王巡会要迎五天，东到王化和上虞市上浦镇渔家渡村（即今冯浦行政村），西到东山下陈、车头、上冯等村。据王坛镇马溪村紫岩寺主事回忆，解放前舜王巡会参与人数众多，最盛时持续一周。

2. "会"

相比于"社","会"简单多了,一般习惯把"会"理解为以各类表演迎接神灵为目的而自发形成的表演组织。老一辈提到过,最早这种民间组织在佛教典礼中出现,慢慢又引入舜王祭祀活动中。但与佛教"并会入社"或"并社入会"的"社""会"合并的趋势不同,舜王庙会的"会"虽与"社"之间有紧密合作关系,但不是直接的上下级关系。跟"社"类似,会的负责人称为"会首",主要负责保持会内的秩序,培训会货表演,并组织民众参与舜王巡会。参与的方式是通过艺术和技艺的表演,这种表演被称为"会货表演"。这些表演既不是单纯的民间信仰仪式,也不是普通的民间游戏,而是一种融合了信仰和娱乐的中间状态。所以,在会货表演中,既有一些看起来比较接近娱乐的表演,如舞龙舞狮的"龙会""狮会"、舞蹈杂技的"高跷会""三十六行会"等,也有一些充满浓厚民间信仰色彩的表演,如跳白无常的"太平会"、戴着镣铐的"犯人会"等。

别看现在我们看到的舜王巡会的照片和视频,表演像是"走马观花",就只是办过场活动而已。实际上,无论是购买材料、置办服装,还是支持民众们排练、吃好喝好,都需要固定的人手、资产和时间。因此,和"社"不同,"会"必须有一些属于自己的资产,数量不算多,主要是一些农田或者山林。这些资产有的是祖辈传承下来的,有的则是村民们集资购买的。如果本村没有组会的话,村民们就可以根据自己的意愿去其他村子的会里入股。这些资产"会产"由民众轮流耕种，轮到的那家就叫作"当值"。有的会甚至还规定，当值的人需要在正月初请民众吃顿饭，就像坎上村的"执事会"一样。民众吃饱喝足后，会一边品茶，一边讨论当年的会务，比如要买些什么，什么时候训练，要不要请老师傅等。民众除了入股和当值的义务之外，在舜王庙会期间，还要按照股份派人参加迎会。如果派不出人，那么各户就要自己找人手。这么说来，村民入会倒是和今天公司入股有点像，可以出钱、可以出智、可以出力，真是"人心齐、泰山移"！

"会"的名字十分有趣，也特别丰富！虽说各类活动是它们的基础，但这些五花八门的表演无疑使其名目繁多。我们这儿最多也最出名的是"龙会"，因为传说中的龙臣服于舜王，在舜的指令下，龙呼风唤雨，能庇佑一方水土的风调雨顺。此外，"铳会"也有不少，在古代铳既是武器也是鞭炮，山上野兽多，从前大家就用铳来吓退野兽，在婚嫁喜事时也用它来热闹气氛，所以"铳会"不仅专为舜王巡会而设，也有日常"接单"之用。

我父亲走访舜王庙会信仰圈56个村落后统计，会货有28类119个。其中铳会22个，龙会16个，旗会15个，校会12个，罗汉会7个，扁镗会6个，敲彭会6个，大炮会4个，高跷会4个，狮会3个，白神会、执事会、拳棒会、十番会、提炉会、三十六行会各2个，其余有马灯会、大刀会、私盐会、镗叉会、菜瓶会、碗会、茶会、鼓会、回头拜会、高照会、丝弦会、地图会、大臣会各1个。

社首的个人威望比较大，会与会之间如果发生矛盾，一般都由他出面解决。平时，社与会并没有隶属关系，只有在舜王巡会期间，两者才有上下级关系，会必须服从当值社首的指挥，如有不听指挥的，该会的所属社头就要出面解决。

采访后记：

  这些"会"不仅在巡会表演时各显神通，也为各村的日常生活、安全保障和娱乐活动带来了诸多便利。这些兼具实践性与艺术性的会货项目，不仅完整而深入地传承了传统巡会会货的精华技艺，还充分展示出独特的绍兴地域文化特色，通过多重视角和方式呈现出了丰富多彩、充满魅力的文化景观，正是这一支支"草根部队"组成的"舞台班子"，才让表演显得更加真实动人，令人叹为观止，成了一道令人瞩目的独特风景线。

  不论是那千百代历经风雨沧桑、虽然版本各异但仍被世世代代流传至今的神话传说，还是大家怀抱着团结协作的热情、共同为办好一件事而努力拼搏的宏大景象，都仿佛在诉说着"社"与"会"这一组合是如何相辅相成、紧密合作，一同共建着虞舜信仰的发展，共同见证着这片土地的成长变化。在历史的变迁中，它们曾一度被视为落后文化遭受扫荡与彻底清除；在经济的变革中，它们也面临着无人继承濒临灭亡的遗憾与窘境……然而，绍兴这座人杰地灵的宝库再一次以它的真诚与虔诚感动上苍，在改革开放后涌现出一批批率先扛起反哺家乡和守护优秀传统文化大旗的乡贤精英，大家为舜王庙会和虞舜文化的发展凝心聚力，共创一种新时代的新"社""会"风尚。

3. "社""会"的当代传承

2000年，王坛镇人民政府试图恢复了传统巡会，举行了踩街活动，既无"舜王"出巡，更无当地民众的迎会。直到2007年舜王巡会才得以成行。这是以湖墩舜王庙管委会为骨干力量，以湖墩村为基本队伍，舜王神像也是湖墩舜王庙的。之后舜王巡会的神像和仪仗队一直是湖墩舜王庙出的，湖墩舜王庙实际上成为大家心目中"头社"。2010年绍兴市虞舜文化研究会成立后，舜王庙会由研究会组织统筹，担当起舜王庙会庙管会的职责，项目责任保护单位。2017年研究会根据参加巡会队伍种类、人数多少和地域管理便利三个原则，划分为五个片区，担当起五大"社"的组织协调工作，并格外重视会货表演的保护与恢复，聘请一系列历史与文化类专家学者对表演团队进行指导。

随着时代的变迁，各个村庄的发展出现了差异，村庙也经历了诸多变化。因此，承办舜王巡会组织能力也发生了显著变革。仅以马溪村紫岩寺为例，新中国成立前，紫岩寺是舜王巡会路线中的最后一站，其重要性不言而喻，但如今巡会队伍却只在马溪村口经过，不再入寺。究其原因，据紫岩寺主事分析，不外乎以下两点：一是紫岩寺原本在山脚下，但为修建32省道，不得不腾出空间而上搬至山腰，自此交通不便，香火日减，巡会队伍自然也不愿蜿蜒上山；二是马溪村青壮年多外出打工，村内常住人口稀少，经济也较为困难，无力承办大规模的迎会拜忏活动。因此，当研究会派人前来通知时，虽颇为可惜，但也只得作罢。虽然紫岩寺无力承办，但马溪村村民集体自发在村口摆放供桌,以此迎接舜王大帝。紫岩寺的衰落在巡会路途中并不鲜见,原本巡会路线最南端的王院、丰田岭,现今都不再经过。

如今,中华优秀传统文化已成为中华民族文化自信的坚实底气,而坚守虞舜文化、发扬舜王庙会也逐渐成为我们的共识。众多实力雄厚的高校、政府与社会各界力量,秉承着优秀的传统文化,绍兴文理学院大学生吴越文化研究会、舜王后裔宗亲联谊会、教育性传承基地王坛镇中小学等都作为单位会员纷纷加入绍兴舜王庙会的"社员""会员"队伍中来,为舜王庙会注入新鲜的活力和源源不断的创意,让舜王庙会变得更加有声有色、充满活力,散发出独一无二的魅力!

采访后记:

小庙会窥大社会,微活动察广世间。筹办、策划、采购、排练、巡游、宣发……一场庙会凝结了本土农民的智慧、传统民俗的结晶、乡贤精英的贡献、社区同庆的祝愿。

二、开路先锋,保障安全

会稽山中舜王巡,

先锋开道显忠诚。

旌旗招展护安宁,

民众瞩目赞英勇。

舜王庙会期间，最热闹也最受瞩目的环节非舜王像"舜王巡会"莫属。"巡会"习俗源于舜王"巡狩四方"的传说，通常选在农历九月廿二至廿五举行。每逢巡会，沿途聚集的男女老少，对神轿上庄重威严的舜王神像顶礼膜拜，纷纷向神像表达自己的敬意，虔诚地许下对未来美好生活的心愿和期待。

在庞大的舜王巡会队伍中，各"会"根据自身艺能特长承担各自重要的功能性任务。尽管来自会稽山脚下不同地域、不同村庄，有着各自的历史传承和文化底蕴，但每逢舜王巡游之时，各"会"都会在"社"的号召下有组织地集结在一起，分为三类：开路队、仪仗队和表演队。

开路队始终扮演着不可或缺的先锋角色。这些开路先锋队伍由多种"会"组成，包括"打架老鼠"、抬锣队、铳会、大刀会以及大炮会等。

1. "打架老鼠"

"打架老鼠"位于巡游队伍之首，人数并无硬性规定，一般是五六人，年纪在五十岁以上，他们身着诙谐的老鼠装束，头戴稻草编织的头圈，额头前系着两个朝天小辫，鼻子中部涂抹白色，嘴巴周围还描绘了几条老鼠胡须，腰间系着草编腰带，手拿两根竹篙，有模有样。

请留意，此"鼠"并非我们通常所说的"胆小如鼠"。相反，这是一种谦卑和恭顺的表现。在十二生肖中，鼠的位置最靠前，扮演者在舜王面前自称"鼠辈"，既表达了对神灵的敬意，也体现了他们的机智。因此，别看"打架老鼠"这个名字不太讨喜，却只有当地有名的孝子才有机会扮演这个角色。

作为先锋队，"打架老鼠"肩负着确保道路畅通无阻、为巡游队伍开路的重任，每到这时，他们手中的竹篙就会大显身手。瞧！"老鼠们"手持一头已被劈成"扫帚"的竹篙，边行进边挥舞，竹篙"啪啪"的声音不绝于耳，这在当地称作"响竹篙"，大家听到"响竹篙"的声音，便知道巡会队伍快到了。这"竹篙"可是当地的一大明星，就像迪士尼花车巡游里的玲娜贝儿，据说，只要被竹篙轻轻地敲打，好运便会降临。一些人甚至心甘情愿地让"打架老鼠"敲打自己。当竹篙打在人们身上，好运也就跟着来了，能赶走病痛，恢复健康。为了祈福，有些妇女甚至会带着生病的孩子，让"打架老鼠"用"响竹篙"敲一敲。

在孩子们纯真的心灵中，"老鼠"们的夸张滑稽的舞动姿态就像是一支"小丑舞"，动作欢快而搞怪，惹人喜爱。有的孩子还着迷于模仿这些活泼的"老鼠"，他们紧紧跟随在"老鼠"身后，只见"老鼠"一转身，小朋友们立马像一阵风般轻快地溜走，只留下一串开怀的笑声在空气中回荡。

除了在巡游队伍中充当打头阵的角色，有些"会"也有为自己的精彩演出而精心挑选的"打架老鼠"，特别是在需要广阔场地和燃放烟花爆竹的大会表演项目，例如"高跷会""大炮会"等。这些"打架老鼠"为会货演出保驾护航，可以说巡会顺利的军功章也有"老鼠们"的功劳！

采访后记：

初闻"打架老鼠"这个名号，许多人心中顿时蹦出另一个词——"过街老鼠"。一想到那些游手好闲的街溜子，他们整天在街头巷尾瞎晃悠的形象瞬间就在脑海里清晰浮现了出来。虞舜一直都是孝悌明德的楷模，所以绍兴当地不论是祭舜大典还是日常朝拜都特别讲究以"座上宾"的待客之道来对待这位九五之尊。我实在百思不得其解，无论是"贼眉鼠眼"还是"鼠目寸光"，"鼠"在生活中常被用来比喻一些品德败坏之人，可为何偏偏就是这样的角色，能被选为舜王巡游的先锋？这可能与古越巫术文化有关吧，期待专家的研究。

2. 铳会

"铳会"所使用的"铳"，是古代山间一种常见的火器，它在巡会活动中主要被用来鸣放以壮声威。这种民间自造的火器的构造并不复杂，取材自一根长度约有一人多高的木杆，它的上端有一段铁管，形成了铳的主体部分。鸣放"铳"时，铳手首先要在铁管内装入火药，然后用小木桦这种专用的塞子将铁管的管口严密地塞住。铳的底部则有一个小孔，小孔内插入了一根导火线。当需要进行鸣放时，铳手将导火线点燃，随着火药在铁管内迅速膨胀，小木桦便被巨大的冲力冲得飞向天空，发出震耳欲聋的巨大响声，当地居民称这一现象为"寸木飞天"。

在绍兴南部会稽山区，"铳"除了击败野兽的捕猎功能，还在逢年过节与婚嫁丧娶时发挥了典仪功能，舜王巡会时也不例外，舜王菩萨在起马、驻马、出庙、入庙时都会有铳会鸣放铳炮的仪式。在这一带的地域内，旧时舜王巡会有 22 支铳会队伍，拥有多达数以千计的"铳"，其中最为有名的要数肇湖的"百铳会"，单是一会就有多达百余支"铳"。可惜如今铳会出于火药燃放不安全的考虑，已不鸣放。

3. 大刀会

"大刀会"这个名字可以说是直接且形象，代表的是由民间武术爱好者组成的巡会队伍，他们使用特制的真刀为巡会开路，通常紧跟在"打架老鼠"、"铳会"之后，由王坛镇陈村大刀会担当。

与戏台上庙戏演出时使用的那些华丽而精致的纸刀不同，大刀会的成员们在巡会活动中不仅手持真刀，而且在需要的时候会展现出真材实料的十八般武艺。他们在前进的道路上挥舞大刀，清除山路上草木荆棘，以确保队伍行进的顺畅。同时，在村子的入口或中心地带，他们也会进行表演，以展示自己的武艺，让围观的村民们惊叹不已。

4. 大炮会

舜王庙会的大炮分为两种："抬炮"和"挑炮"，前者重达百斤，需要两位壮实的成年男子才能抬动，后者重量轻，常由一位身强力壮的成年男子承担，他将两个炮绑在扁担的两头，精神昂扬地走在队伍的前头。

跟战场上真枪实弹的"大炮"比起来，"大炮会"里的大炮显得"温柔"许多，只是号炮，选用"声音大、射程短、力道小"的轻量火药，尽可能避免对人群的危害。人们常选用檀树作"炮筒"，将整颗檀树挖空树心,叫"檀树大炮",平时没用,只在巡会时使用。

大炮会只在神轿"起马"与"驻马"时鸣炮示威,保证道路畅通。大炮会有四个"打架老鼠",放炮前赶人,避免伤人。只有在菩萨出巡时鸣放,否则视为不吉利。

出于安全考虑,如今舜大炮会没有恢复。

采访后记:

伴随着火药工艺的迭代升级和庆典经验的不断累积,"鸣炮献礼"逐步成为各类重要场合或会货演出时的亮眼明星,舜王庙会的"大炮会"也应运而生。每逢舜王巡会,无坚不摧的"大炮会"方阵便成了一道霸气的风景线,现场威猛雄壮的大炮给观众带来了震撼和喜悦。

三、仪仗威风,表达敬畏

> 会稽山下舜王行,
> 仪仗威严展雄风。
> 旗幡招展金鼓震,
> 敬畏之心人共鸣。

说到"巡会",很多人都会想起电视剧《还珠格格》中,乾隆皇帝带着小燕子一行人南下游玩的场景:皇帝的龙辇在众多侍卫的簇拥下穿越街道,所至之处锣鼓喧天,民众们井然有序地排列成行,向皇帝表达敬意。仪仗队排列整齐,旌旗飘飘,其场面壮观,令人震撼。虽说影视表达有喜剧效果,但我们的舜王"巡会"确实也是威风凛凛。

1. 旗会

旧时参加巡会的"旗会"队伍规模是最大的。因为巡会不准空手,会期间凡是看到手拿旗会小旗的人,沿途农家都要热情招待,否则视为对舜王菩萨不敬。毕竟,与其他强调"精湛"手艺会货项目相比,"旗会"建会门槛低,操办简单,几乎家家都可制作小旗,许多小村办不起其他会,搞个简单旗会,小旗家里做,大旗几户人家制作,所以最多的是旗会。旗帜形状、大小和颜色各不相同,大旗会也有中旗小旗,如王坛镇芝坞山村大旗会有大旗一面,中旗七面,小旗不限;湖地里村舜王庙会大旗后,三角形小旗二十面。因此,"旗会"几乎已经变成每一个村庄都有人参加的必不可少的"参会项目"。

在巡会行列里,如果看见了写有会名的"会旗",往往自带旗会,那是该会实力和影响力毋庸置疑的证明。大旗约有四丈高,讲究威风气派,专有四人负责轮流掌旗。如杨宅村村民黄玉娥(1934年7月出生)骄傲地向我介绍本村拳棒会的"会旗":形似穆桂英的帅旗,高约四丈,红底黄字,中间为白色圆圈,上绣一黑色楷书"杨"字,旗边有锯齿状黄色镶嵌,旁有琉鬓,帅旗后紧跟一面高五丈的"蜈蚣旗"和二十四面"小方旗"、二十四面"三角旗"。他们在杨宅村拳棒会前面壮声势,让想参加巡会的村民都能参加。童家岭罗汉会的会旗直接在旗面上书写"童家岭罗汉会"六个刚劲有力的黑色楷体大字，配以红底黄边的"蜈蚣"旗，上面还绣有八仙和花卉等精致的图案，旗杆长六丈，重达百余斤，四人牵引旗杆，大张旗鼓的场面既展现武术深厚功力，更彰显着罗汉会不可撼动的实力与地位。

也有旗会带着其他会。如南子口村大旗会，大旗后面举着小旗的上百人，扮演成马、羊、狮、象、虎、豹等各种兽类样模样的狮象虎豹会。

也有"会"以老虎旗作"会旗"。当地传说舜王大帝是虎星，最大的宿星。绍兴民间一直把老虎当作神兽，以求借老虎的威风来镇宅驱邪、保佑平安。若我们定睛细看，各村的"老虎"风采各异：下里溪村铳会的"老虎"以白色为底，上面绣着黄色斑纹；石雪村三十六行会的"老虎"则是红色底纹和黄色边框上绣着的金色斑纹。舜王巡会恢复后谷来镇还发现了旧时使用过的老虎旗，至今仍在使用。

虞舜是天下孝行之首，越联村、孙岙村、竹田头村的"大旗会"都特别制作了绣着"孝感动天"四个红底金字的大旗；磊树岭村"大旗会"有面红底黄边绣金色"孝"字大旗；上虞石浦、川下、岭下三村合办的"旗会"则在红底黄边上写着一个正楷的"舜"字以表敬畏。

在2007年舜王巡会恢复旗会时，第一批旗帜是由我母亲高月仙捐资并亲手缝制的。作为虔诚信仰舜王的人，她支持我父亲恢复舜王巡会的努力。基于我父亲的调研资料，母亲曾亲自选购布料并按照旗帜的尺寸、颜色和形状进行缝制。我父亲还亲自书写了

"舜"字，这面"舜"旗至今仍在使用中。当我问母亲缝制了多少面旗帜时，她总是以"为舜王做事不应宣扬、不应记得"为由，不愿多谈。

如今，巡会队伍中的旗会部分已交由孙岙村庙负责管理，并为参加民会的民众留出了一定的机动人数。

采访后记：

在舜王庙会的巡会中，仪仗队的威风凛凛和旗帜的飘扬，都是对舜王菩萨的深深敬畏和表达。每一个参与者都以其独特的方式，为这一盛大的庆典注入活力和色彩。他们手中的旗帜，犹如一道道流动的彩虹，将整个巡会队伍装点得五彩斑斓，充满活力和生机。旗帜的形状、颜色和大小，都蕴含着各自村庄的文化和历史。它们像是一本本活生生的历史书，通过色彩和图案，讲述着村庄的故事和传统。在巡会的过程中，这些旗帜不仅代表着各自的村庄和会货，更是对舜王菩萨的敬仰和祈愿的象征。

2. 校会

"校会"的"校"并非现在"学校"的意思，而是古代军官军衔的统称，所以顾名思义，"校会"便代指舜帝出巡时的精锐护卫队，"卫兵们"威风凛凛地守护在神轿前，他们整齐划一的步伐、严谨认真的态度以及表现出来的坚定信念，无不彰显着舜帝在民众心中至高无上的地位，让人感受到强大的力量与信心。

旧时舜王庙会巡会时，"校会"成员大都是十六岁以下的男孩，他们每两人为一组,每支"校会"有十五六组到二十余组不等。男孩们身着色彩艳丽的旗牌官服,头戴绣球帽,腰悬锡制宝剑,手拿竹板,举手投足间彰显着新生代的勇敢坚毅。旗牌官服有"红、绿、黑、黄"四大色系,与京剧中各色脸谱所代表各种人物性格的做法异曲同工,身着不同色彩的"卫兵们"在行进中分属不同"校会",承担不同的任务。

被誉为"武校会"的"红校会"重在一个"武"字,民众全部身强力壮,身怀武艺,他们负责在神轿前为舜王像开路,防止路上可能出现的意外抢夺,确保神轿能够安全地抵达目的地。与"红校会"大展拳脚一显身手不同,"绿校会"更像是风度翩翩的君子,他们手执号角,每遇上供宴或菩萨驻马时,便会拿起号角,吹奏一曲,显得文雅不俗。旧时最有名的"绿校会"当属王坛镇孙岙村莫属,作为富甲一方的村落,孙岙村不仅慷慨解囊,自己出钱聘请轿夫,还准备了八位候补轿夫,当之无愧是"第一会"!如今舜王巡会队伍中孙岙村的校会仍是主力军。

采访后记:

正如俗话说"红配绿,讨人嫌",但在"校会"演出中,"红校会"与"绿校会"竟"同台唱戏",惟妙惟肖、热闹非凡,或许这就是"农民是真正的艺术家"!

3. 执事会

"执事会"身着绿色差役服,伴随舜王銮驾左右,为活动顺利行进保驾护航，像极了古代官员出巡的排场，显得气派而庄重。他们通常手持"肃静""回避"牌和各式兵器，表情严肃，以示威严。

旧时执事会必须是王坛镇坎上村。相传舜王庙会的坎上"执事会"由明朝董元治创立。当地一直传颂着这位出身寒门的进士在舜帝的庇佑下，一举考取功名的佳话。这位状元郎回乡的时，为了感激舜王的恩德，将皇帝赐给他的全套执事都全部献给了舜王，并在故乡坎上村率先创立"执事会"，全权专职负责购买会田、学田，资助乡邻。

坎上村拥有一面制作精美的大旗，旗面上用楷书大字端正地书写着"虞朝舜帝"四个烫金大字，颜色鲜艳，清晰醒目，每逢巡会穿梭于大街小巷中，一下便吸引了所有人的目光。在"坎上村执事会"的队列中，除了那把金光闪闪的"黄罗盖伞"与"肃静""回避"两牌外，最受人瞩目的便是那七十余件宝剑及锡制十八般兵器，这些兵器在阳光下闪烁着璀璨的光芒，精美绝伦，散发出浓厚的历史气息。在这些兵器上，刻有如"暗八仙"、琴棋书画、福禄寿喜、和合二仙等吉祥图案，每一幅都充满了浓郁的中国传统文化气息，寓意着吉祥、美好、幸福和长寿。此外，还有花鸟虫鱼、飞龙舞凤、麒麟灵龟、金蟾古钱等灵异花草动物形象，每一个都生动逼真，使人置身自然的奇妙之中，也寄托着会稽山区民众对美好生活的向往和憧憬。

如今董元治的传说仍在，"执事会"却由湖墩舜王庙负责了。

采访后记：

"执事"一词在《辞海》中释为"执行职务的人"，如《左传·襄公八年》中"公如齐纳币，执事者以为傧公"。在现代汉语中，"执事"多用于书面语与正式场合，表示"从事某种职业或担任某种职务"。

4. 提炉会

提炉会走在舜王神轿前，香烟缭绕，充满庄重的气氛。与仪仗队内别的"会"不同，"提炉会"是一群"童子军"，由年纪在七八岁至十六岁之间的童男童女组成，数量要求双数以求"圆满"。孩子们穿着干净整洁的白色对襟上衣，外面罩着一件马褂，下半身则是灯笼裤，每人手执一盏精致的锡制提炉，走在菩萨神轿前面。提炉用锡制成，直径约20厘米，上下有3个串成，下有琉鬓，挂在龙头杖上。炉中檀香四溢，龙头杖上挂着一串像马尾辫似的琉璃鬓毛，跟着孩子们的舞动队形随风飘扬，显得特别活泼。

提炉会走队形时，先走"小台步、走圆场"，取意"人兴财旺，团团圆圆"，然后原地踏"四方步"，寓意"方方正正，去邪归正"，再走"剪刀绞"，表示要把福气绞在一起，使其不能散开，最后摆"葡萄链"队形，当地人对此的解释是将民心连牢。

舜王的巡会路线几乎覆盖了绍兴南部整片会稽山区，若赶上全体会社报名参加的"大年"，得需要三天时间才能走完。这件翻山越岭的"体力活儿"对参与会货表演的孩子们来说是个不小的挑战。砷头村"提炉会"还自筹了三亩"会田"，专供巡会时购买檀香之用。

改革开放后，祭舜仪式与舜王巡会也恢复了，"提炉会"仍在，但"提炉"的设计已简化，只是些上年纪的老人家提炉行走。

采访后记：

初看"炉"字，心底忍不住吟起一句古诗："日照香炉生紫烟，遥看瀑布挂前川。"遥想当年李太白在庐山香炉峰顶一览群山，那份悠然自得的隐士气息倒真有仙人的飘逸和自在。炉烟紫气中，大自然的鬼斧神工征服了一位放荡不羁的诗仙；这抹生生不息的紫色炉烟，在距离庐山七百公里的绍兴会稽山区深处，伴随着虞舜圣君如诗如画的动人传说，逐渐演变为当地民众心中无比神圣的象征，"提炉会"也许因此而得名。

5. 高照会

舜王巡会时，尽管"高照会"的小阵容里人数不多，仅四人而已，却很受当地民众的欢迎。"高照会"的每人手上都挥舞着精心打磨的锡制旗，锡制旗面上分别书写着气宇轩昂、潇洒飘逸的"文""星""高""照"字样。他们神采奕奕、动作规范、整齐划一，并排紧随在神轿前，只见他们将旗帜举过头顶，锡纸镜面在阳光下闪耀着钻石般的光芒。沿途的民众格外期待"高照会"面朝自家住宅方向高举镜旗，祈求这束寓意洪福齐天的耀眼光芒能为全家带来好运平安。

和那些需要提前排练、演出环节复杂的"会"比起来，"高照会"前期准备相对轻松一些，但对四面锡制旗要求很高，规定必须选用最上品的锡，表面光亮如镜，泛着镜面光没有结晶纹样，如镜面失去光亮，得用碳炭清理。这样才能确保旗面亮如镜面，反射出明亮的光泽。

采访后记：

或许是受到神话传说中仙人的出场总是紫气缭绕以营造神秘气氛的启发，自古民间就约定俗成地达成一个共识：紫气东来能发财，吉星高照会发达。传说舜帝驾崩后，其德孝政的功绩感动上苍，允其升天成为神仙，化身为"文星"。每逢舜帝出巡，都会乘着五色祥云来到凡间，祥云所到之处便会风调雨顺、五谷丰登。因此，在绍兴会稽山区，虞舜也被百姓们尊称为"文星菩萨"，庙会的"高照会"也许来源于"文星高照"的高照二字。

好期待在舜王巡会能恢复"高照会"，将如阳光般闪耀的美好祝福照进千家万户！

6. 三步一拜会

舜王庙会上的"三步一拜会"，便是对佛教中朝山拜佛活动的复刻与创新，不同的是，朝礼的从释迦牟尼佛转变为舜王大帝。稽东镇小洋坑村的孙来荣老人曾多次代表本村的"三步一拜会"参加过舜王巡会的演出，然而在他心中，这并不是一次"走秀"和"表演"，自己所走的每一步，都是与舜王菩萨的谈心对话。他曾对采访他的我父亲说："越是恭敬就越能够收到舜王的回音，我这么做是在给自己和子孙后代积福积德！"

听孙老介绍，"三步一拜会"由十八名成年男子组成。据说"十八"的数字是由于当地相信舜王神力可通达"十八界"，这倒也与佛教中"六根""六境""六识"这"十八重修炼"颇为相似。他们穿着古代囚犯的服饰，一身全白对襟布衫，胸前与背后都明晃晃印一"囚"字，腰扎红绸带，脚蹬草鞋。这身行头讲究以浑身净素来表达对舜王菩萨的虔诚。

舜王巡会时，每人手中捧一香炉蜡烛凳。蜡烛凳是一种古朴的木制品，以凳面八面亭为特色，其中一端设计有可安插香烛的小凹槽，这也使得它在这里扮演重要的角色。伴着清音奏乐，每前进三步，都要转过身，向着舜王一拜，他们的表情虔诚而肃穆，他们的脚步稳健而有力。除了一种难以言状的庄重感，整支"三步一拜会"队伍还注重现场表演的仪式感，他们会根据实际场地大小变换队形，时而走盘阵，时而换成一字拜。无论是采用何种姿势，"三步一拜会"的信众始终牢记自己的宗旨，以感恩心、惭愧心、恭敬心、思齐心，全心全意、齐心协力。

遗憾的是，"三步一拜会"没有恢复，因为参加巡会信众年龄偏大，而"三步一拜会"程式复杂，对体力要求也高。

采访后记：

"三步一拜"源于古代的朝拜典仪，曾是臣民对皇帝表达崇拜的独特方式，后来逐渐演变为藏传佛教盛行地区的宗教行为，许多修行者们为表达对求道的诚挚信仰，常以跪拜（"三步一拜"）的方式向圣迹朝礼。

虔诚的朝拜，背后所蕴含的故事和精神，都是绍兴会稽山区人民世代相传的宝贵财富，不仅丰富了当地的文化生活，也传承了中华民族的传统美德。在快节奏的现代社会中，这些传统的巡会表演更像是一种历史的记忆，一种文化的坚持，一种精神的传承。

7. 犯人会

自戴枷锁扮演"犯人"的信众称为"犯人会"。参加"犯人会"的，有家人得病，许了"扮犯人"愿的还愿信众，有人为赎前世的罪，为今生和来世积福，为替长辈代受刑罚。

通常要"扮"十二年，至少得"扮"满三年，也有人往后余生来"扮"，称为"世代犯人"。当然，这个规矩也并非毫不近人情，若是"犯人"无法自身前往跪拜，可由膝下的孝子贤孙代替，无论男女，都可代"扮"。

虽然都是穿着"囚服"，但与"三步一拜会"要精挑细选十八名"演员"不同，"犯人会"的巡会人数不受限制。他们肩头背负着粗大的木枷锁，颈上悬挂着一条粗壮的铁锁链，由"校会"成员"押解"，走在浩浩汤汤的神轿前。每逢神轿驻马，"犯人"们便转身向舜王行三跪九叩的大礼，他们的神情专注而虔诚，每一次俯身都显得无比庄重。行进时，常有民众自发地加入"扮犯人"的队伍中来，他们多是些体弱多病的老人，但仍尽量坚持跟着队列走完全程。

"扮犯人"这种具有悠久历史的祈福方式，至今仍然被保留下来。在现今的舜王巡会队列中，人们依旧能够看到"犯人会"的表演者们身着古装，扮演着犯人的角色，为整个巡会增添了一抹神秘和传统的氛围。这项传统习俗不仅代表着当地人民对虞舜的尊重和传承，更是对传统文化的一种弘扬和延续。

采访后记：

这种"自讨苦吃"像极了佛教中的"苦行僧"，正如《瑜伽经》中记载："苦行：忍受饥、渴、寒、暑、坐、立等痛苦，遵守斋食、巡礼、苦行等誓戒。"这份"苦"贵在"愿意受苦"的心意，更在于"坚持受苦"的诚意。

在当地，百姓们期待以"扮犯人"的方式忏悔、许愿、还原，也有人是希望求得今生来世的福报或替长辈代受刑罚。千百年来，虞舜以其"德孝"美名，所以在庙会的活动中彰显孝悌之行尤为重要，也颇具有强烈的地域特色。"扮犯人"不仅是一种朝拜礼仪，更是蕴含了千年德孝文化的"顶礼膜拜"，是薪火相传的行动证明。

四、沿途设宴，盛情招待

会稽山道舜王行，

村民设宴情意浓。

香飘四溢迎贵宾，

笑语欢声庆丰年。

巡会队伍浩浩荡荡，在蜿蜒的山路上行进，如一条彩色巨龙在山间舞动。一般在巡会队伍最前边有专人到各村放贴，告知前村队伍即将到来，村民们提前准备祭祀和食物，腾出表演场地，满怀期待等待"舜王大帝"的到来。

1. 供筵

"供筵"是纯粹的民间自发行为。每当巡会时，沿途的百姓不约而同地早早在路边或家门口摆放供桌，以此向舜王表达内心最深厚的感激与敬意。大小不同的供筵，其规模主要依照各家财力来定。就拿相对富裕的大户人家来说，他们"供筵"时常备两张精致八仙桌，桌上设两盏烛台与"五牲福礼"，并摆满糕点水果；普通人家的"供筵"简洁许多，一般就只设一张八仙桌，上面放一盏烛台与几盘水果点心。这片土地上，"礼轻情意重"的传统备受尊重，大家看重的是对舜王的虔诚心意，而非攀比"供筵"规模大小与献礼多少。

不过，在巡会时若是遇到规模盛大或是连续一排的"供筵"，主持司仪要高喊一声"驻马"，示意巡会队伍驻足。神轿缓缓落在八仙桌上，相当于让舜王在此"小憩歇息"，享用福礼，并接受善男信女的祭拜。供筵主人三跪九叩首，祈求菩萨保佑平安，口中默默祈祷："舜王菩萨保佑合家平安，多福多寿，五谷丰登，六畜兴旺，子孙万代。"并点放鞭炮传递喜讯。有些老人、妇女、孩子会争先恐后地从八仙桌下钻过，俗信以为这样可以添福添寿，保佑吉祥如意。"驻马"时，队列中各"会"无须一一表演，"八仙会"会唱一小段庆寿曲子，"拳棒会""罗汉会""龙会"等如有地盘也会耍上两耍。这时候，"供筵"主人会为巡会民众每人准备一袋"谢礼"，一般是干粮、毛巾、糖果等这些常见的"小心意"，司仪和轿夫有时也会领到红包。

如今的舜王巡会，沿途仍然能够见到民众自发的"供筵"盛况。在熙熙攘攘的人群中，一股浓浓的热情和敬意弥漫着，他们以最淳朴的方式，围聚在一起，迎接他们内心最敬重的舜帝。

2007年舜王巡会正式恢复以来，每年巡会路线沿着供筵走，只是会货表演只剩八仙会唱一下庆寿小段子。客气的主家会准备伴手礼，钱是必须给的，主家献的钱随意，有几千几百甚至几十元，负责人接过钱后向大家展示后放到功德箱。王坛线境内巡会时归湖墩舜王庙，谷来线境内巡会归谷来镇吴山舜王庙。供筵主家事先与庙管会联络，有些主家年年都设供筵，打个电话就可以了，但上年主家给钱少了，明年就不愿来了。刚恢复几年，许多民众要求设供筵，但如今巡会近廿年了，企业因小舜江水库保护而外迁，供筵明显少了。

肇湖人出的供筵最多也很大，不过他们要求来自湖墩舜王庙舜王神像进双江溪舜王庙前接受祭拜。

采访后记：

这种"供筵"的习俗，不仅传承了古老的传统文化，也体现了民间对虞舜的坚定热爱。我想，"供筵"就像是一种特殊的诉说方式，借此拉近与先祖之间的心理距离，民众仿佛真正感受到舜帝的光临，感受到他的智慧仁爱。

2. 斋饭

"供筵"是为舜王特设的宴席,"斋饭"则是专为巡会队伍准备的餐食,由沿途村子招待。通常,社首会根据巡会路线提前安排专人落实负责"斋饭"的家庭。"斋饭"分两种:一种是"主斋",是由参加(主办)舜王庙会的社的村子办的斋饭,供应的是猪肉、鸡肉、鱼肉、鸡蛋等荤菜;另一种是"客斋",是舜王巡会路经的村子所办,提供的都是清淡的素菜。

作为巡会人员的"便餐","斋饭"不同于酒店里宴席的阔绰排场,一般要求整齐干净即可。然而,负责"斋饭"的家庭依然尽心尽力准备,热情招待,丰盛的佳肴里不仅是主人家荣耀的象征,更是表达为舜王做事的这群贵客的深情感谢。当地有一个说法:若自家办的斋饭没有巡会队伍来吃或吃得很少,被视为不祥之兆。因此,本就热情好客的村民们便更加认真对待自己这一筹备"斋饭"的重任,即使是"素斋",菜品也都非常丰富!会稽山区至今仍流传着这样的童谣:"呕唯喳,坎上肇湖吃晏斋,吃得三块毛芋艿,还有三块查(绍兴方言里"查"即"渣、剩下"的意思),面布包包拿去卖,卖得三个大清钱,买得三枝大毛竹,造得三间大楼屋,东也漏,西也漏,漏得癞子头上污污臭。"已故的俞日霞老会长曾将这句童谣摘录进自己的虞舜文化调研报告中,并在旁边标注了大大的问号和叹,附一小注:看似在说斋饭的寡淡,实则是称赞这一餐的丰盛,以至于再多吃三块毛芋都吃不下了!

自 2010 年双江溪为出发点的舜王巡会恢复以来,肇湖村便全权承办了巡会首日的午斋,允许所有人免费用餐的流水桌。从2018年起巡会队伍的"午斋"由肇湖村张国萍家出资包办。这份乡情,是对舜王福泽的感激,更是对家乡的反哺。

采访后记:

虞舜总是被尊称为"圣人",作为三皇五帝之一,他出身草根民间,恪尽孝德贤名,为华夏民族励精图治,为华夏开基立业。在绍兴南部会稽山区的百姓心中,这位传奇人物亦君亦神,他的光辉事迹在这片土地上传颂千古。人们会在耕田时谈论他的英勇事迹,会在劳作间隙中谈论他的善良仁孝,会在日暮时分谈论他的英明决断,他们将舜的事迹、舜的言行,化为砥砺自我的精神力量。

绍兴南部会稽山区百姓们感恩舜王的福泽庇佑,每逢舜王庙会之时,当地民众满怀感激与敬意,举家盛装出席,向舜王献上最高的敬意,祈愿来年的阖家安康与事业顺利。同时,在繁华热闹的舜王巡会期间,人们也会自发地在家门口摆设向舜王进献的供品与香烛,并在家中设宴邀请参会巡演的信众们用餐。在当地被村民亲切地称为"供筵"与"斋饭",如今已成为一道独特的风景线,不仅承载着深深的祝福,也散发着浓浓的温情。

五、舜王进出,严守程式

晨光梳妆启前程,

升舆起马款款行。

过夜次日归途返，

圆满入庙心欢畅。

作为"巡会"的主角，"舜王大帝"这一天真是"马不停蹄"。虽然只是一尊坐像，但"梳妆、升舆、起马、驻马、过夜、入庙"，每一个环节都不可少。

1. 舜王梳妆

旧时，梳妆仪式由提前赶到双江溪舜王庙的童家岭罗汉会主持。农历九月廿二子时，也就是夜晚十二点，大罗汉们庄重地点燃了香烛，香烛的火光在黑夜中闪烁，好似希望火苗在燃烧。然后，小罗汉们在大罗汉的带领下，一前一后，行三跪九叩首的大礼，那份虔诚和敬仰，尽显他们的庄重和尊敬。天蒙蒙亮时，两名德高望重的大罗汉手中挥舞拂尘，将神像和神轿掸得干干净净，就像拂去岁月的尘埃，然后纷纷换上崭新的蟒袍。接着，小罗汉们爬上神轿，给神像换上新帽子，他们认真地整理着神像的胡须，使神像显得更加神采奕奕。最后，当轿子抬上大殿中时，罗汉们集体跪拜。至此，这场"一切尽在不言中"的梳妆仪式画上圆满的句号。

与大家印象中寺庙正殿里高大无比的神像不同，参与巡会的"舜王行像"是樟木雕刻而成，体积较小，分量较轻，脚底还装着万向轮，便于抬着行走，日常供奉在后殿。20世纪50年代被毁于政治运动中，改革开放后文保单位重塑了"舜王行像"，但被固定成一座金身坐像放置在前殿，再也无法巡会了。双江溪舜王庙是文保单位，所以2007年恢复舜王巡会时的巡会神像来自湖墩舜王庙。

湖墩舜王庙也会在舜王巡会王坛境内线前一天（农历九月廿三）举行梳妆仪式，由湖墩舜王庙的庙管委一起换妆，点香烛礼拜后掸净尘和换新袍。

采访后记：

90年代末期，有一句电视广告词红遍大江南北"人靠衣装，美靠靓妆"。这句话透露出"外观也是自信美"的价值观仍然让人记忆犹新。所以舜王巡会的第一个流程是"舜王梳妆"，这正是现在偶像与粉丝之间的关系啊！舜王巡会好比是当红偶像的巡回演唱会，偶像总是不遗余力地在舞台上为粉丝呈现最好的表演、最美的妆造；同样作为明星，"舜王"的英姿自然要以最佳的状态在"粉丝们"面前精彩亮相！

2. 升舆起马

在正式出发前，巡会队伍在双江溪舜王庙正门前各就各位，静候"升舆起马"仪式的开始。

待到吉时，头社的社首作为主持，在早已布置好"猪、羊、鸡、鸭、鱼"五牲的供桌前行边念颂词边行三叩九拜之礼。之后，由两位声望高的妇女将舜王行像扶入轿中，称为"升舆"。在格外强调"男尊女卑"封建等级秩序的舜祭典仪中，由两位女性"破圈"负责舜王行像"护驾"的环节让人眼前一亮。参与"升舆"仪式两名使者不仅要在当地有一定声望，而且必须从那些儿女孝顺、四世同堂、福禄双全、年过七旬的女性中挑选。传说中，虞舜一生都对父母孝顺有加，在继母年迈时，更是不计前嫌更加关照。或许正因如此，舜王巡会时才特意选用两位老太太担此重任，这不仅表示在农耕文明中女性力量的觉醒，更能体现舜王信仰背后"家"文化的人性关怀。

"驾"通常指皇帝的"金銮"，在巡会中就是舜王的"神轿"。作为舜王的"宝马"，神轿自然是整支巡会队伍的焦点。"舜王神轿"为八抬大轿，配红顶，上面装饰有精美的雕栏、圆润的绣球，还有婉约的流苏。轿身用金色绸缎围拢，上绣龙凤交相辉映、花卉竞相开放的图案，无不彰显着帝王的至尊风范。更有巧思的是，轿子后部的木板可以拆卸，这样一来，"升舆"入轿就方便许多。每逢巡会，两队人马轮流抬轿，整齐有序。

等舜王行像"落座"完毕，主持高喊"起马"，声音洪亮清脆。同时，鸣炮、放铳，锣鼓声响彻云霄。紧接着，开路队先导，仪仗队紧随，庙门前戏台的台板早已拆除，八位轿夫抬着神轿从正门出发，其他各会纷纷跟上，这意味着一场盛大的"巡游"正式开始！

关于"升舆起马"，在当年还流传着一出"抢菩萨"的传说。传说每次舜王巡会前必须等头社到来，神轿才可以"起马"，有一年正值"孙峌社"担任头社，但眼看时辰到了，孙峌村的人却迟迟没有露面，司仪怕误了时辰，决定让舜王行像"起马"。没想到话音刚落，"孙峌社"的人赶到了庙门口，他们看到队伍已经启程，认为这是对自己的大不敬，而其他各社对孙峌的迟到也十分不满，于是双方发生了争执。孙峌的18位青年小伙子一个箭步上前就去抢菩萨，别村的人见状也纷纷上前抢夺。结果湖墩村的人抢了菩萨的头，塘里村的人抢了菩萨的手，诸暨枫桥村的人抢了菩萨的内脏，只有菩萨的正身还留在王坛舜王庙里。此后，这三个村子的人就在自己村里建了舜王庙供奉舜王神像，传说这是舜王分身庙的由来。

采访后记：

　　舜王巡会，作为一项承载着深厚历史文化内涵的民俗活动，通过一代又一代的传承与演变，不断注入新的时代元素和人文情感。在喧嚣的现代社会中，这样的传统民俗活动如同一条文化长河，流淌着古人的智慧和情感，也连接着现在与未来，让我们在忙碌的生活中不忘本源，铭记历史，珍惜当下，憧憬未来。

　　在"升舆起马"的仪式中，我仿佛看到了舜王从静谧的神坛中走出，开始了他与百姓的亲密之旅。这一刻，神与人的界限似乎变得模糊，信仰与生活的交融在此刻达到了高潮。而这样的交融，正是舜王巡会所希望传达的核心价值：无论神明还是凡人，都有着共同的情感和追求，都在为着更美好的生活而努力。

3. 驻马

　　之前讲到当地村民沿路设"供筵"时，提到过"驻马"一词。这个与"起马"首尾呼应的口号，是司仪用来示意巡会队伍稍作停歇的口令。每逢大型"供筵"或是"斋吃"时，司仪便会山呼一声"驻马"，让舜王神轿停在供桌前。

　　对"供筵主人"和"斋主"来说，舜王"驻马"于自家门前是平时积善行德修来的福分，而现场给巡会信众们准备的"伴手礼"同样也是在"结缘"积福。

关于"驻马"停歇时现场的祭祀献礼与会货表演，便是我之前介绍的各"会"，我就不一一赘述了。

采访后记：

"驻马"是舜王巡会中一道独特的风景，它不仅是巡会队伍短暂的休息，更是对当地百姓热情款待的回应。在这个环节，舜王的神轿暂时停留在供桌前，接受着村民们的顶礼膜拜，这既是对舜王神力的崇敬，也是对村民们善良品行的肯定。

在"驻马"的过程中，各"会"也会展示自己的才艺和技艺，为巡会增添了不少色彩。这些表演不仅展示了当地的文化特色，也丰富了巡会的内容，让更多人感受到舜王巡会的魅力。

4. 过夜

当地流传一首童谣，其中有"喳喳喳，坎上肇湖吃是斋，岭下南岸来过夜"，说的便是舜王巡会时常在岭下或南岸村过夜。舜王像通常会选在规模较大的庙宇留宿，但绝不住庵堂寺院。当地民众认为庵堂寺院供奉佛教诸神，一屋容不下二神，舜王大帝是不进去的。

在过夜的村子里，表演队的各"会"都会进行表演。附近村子的人，都会在这个欢聚的时刻纷纷赶来，享受这场由各种各样精彩表演所营造出的视觉盛宴。有些村落甚至会邀请名绍剧团来搭台演出,舜王神轿安置在庙的天井中央,天井前摆着一张宽敞的供桌,所在村的社首会准备一份丰盛的五牲福礼来宴请,借此表达对神明愿意就此"歇脚"的感激,并祈求本社来年的风调雨顺与人寿年丰。

采访后记:

"过夜"不仅是舜王巡会中的一个重要环节,更是当地村民展现热情好客、崇尚信仰的重要时刻。在这个夜晚,村民们用自己的方式表达对舜王的崇敬和感激,也享受着来自各村各会的精彩表演,这种文化的交融和传承让人深感震撼和感动。

"过夜",字面上看似是驻足歇息,但实际是对舜王信仰的延续与传承。这份真挚而淳朴的信仰在夜幕中显得愈加珍贵与坚定。正是这种传承和尊重,让舜王巡会得以在现代社会中焕发新的生机和活力。

5. 入庙

舜王巡会的路线和时间一样并不固定,却有个特别的规定:舜王出巡,不走回头路。旧时,如果巡会定了一天,路线一般是经肇湖、坎上、王坛、沙地、钱家山、俞家、湖头、罗镇、双江溪,回舜王庙;也有不经沙地、钱家山,而经竹来山、沙坞、俞家、湖头、罗镇、两溪,回到舜王庙。起点即终点,待"回到舜王庙",意味着巡会即将圆满结束,这一步便是"入庙"。

除了仪仗队必须护送舜王回庙,其他各"会"可根据自身实际情况就近先行退出。大部队平安返回王坛舜王庙后,并没有着急将舜王行像摆上供台，而是像"升舆"时一样，由两位受人尊敬的七旬妇人进轿，扶着神像缓缓归位，此举称为"菩萨升座"。接下来，当值的社首代表全体信众再次以五牲福礼谢神，并行叩拜祭祀之礼。然后，参会的其他人员入场将会货的道具一一整齐归位，并在舜王像行三叩一拜礼。当所有人依次行礼结束，"铳会"便在山门前与天井放铳致敬。到此，舜王巡会圆满结束，大戏落幕。

如今，王坛境内线舜王巡会回程并没有严格按照"不走回头路"的习俗，巡会队伍走完新联村最后一个供筵后，仪仗队载着神像上车回湖墩舜王庙。行像升舆归位，殿前唱八仙庆寿，信众依次行礼后，归置服装道具，仪式结束。谷来境内线舜王巡会仍不走回头路，整支队伍从吴山舜王庙后门进庙后，行像升舆和八仙庆寿后"入庙"仪式结束，戏台开演整本剧，巡会队伍看着社戏斋吃。

采访后记：

"仪式感"这两年成为网络上的热词，在社会学中，"仪式"是社会生活经验的累积，无论是相遇时的深情问候、婚礼喜庆的热闹场面，还是宗教朝拜的虔诚仪式，都是"仪式感"在生活中的体现。

在绍兴南部会稽山区的虞舜信仰圈中，将民众与舜王之间的"敬畏感"和"亲近感"合二为一的，正是充满浓浓"仪式感"的祭舜大典与舜王巡会。固定的范式彰显着虞舜的威严，人们严守程式以此表示对这位至高无上领袖的遵从；多彩的会货展示则是这一神圣信仰框架下的情感瑰宝，涌动着温暖人情与本土风情。

第四章
会货巡演，全民共欢

许多被访者都表示小时候最期待的就是"巡会"。当时的我并不完全理解其中的信仰和仪式，但那些丰富多彩的表演无疑为民众带来无尽的欢乐和惊叹，那些热闹非凡的场景至今历历在目。父亲告诉我，最先吸引他的是那些吹拉弹唱的艺人，他们身着华丽的戏服，手持各式各样的乐器，奏出激昂动人的旋律。那悠扬的笛声、高亢的鼓声、清脆的钹声交织在一起，仿佛将整个村庄都点亮了。他总会站在一旁，目不转睛地看着他们精湛的表演，心中充满了向往。

一、乐班吹打，烘托氛围

> 琴瑟悠悠抚岁月，
> 笙箫悠扬伴天明。
> 世间繁华似云烟，
> 唯有乐音永长存。

在庙会这样的盛大活动中,音乐自然是不可或缺的元素。无论是"十番"那深沉而悠扬的旋律,还是"敲嚓"所展现的震撼人心的气势,又或是"丝弦"清脆动人的乐章,都为庙会增色不少。接下来,我将逐一细述这些乐声的魅力所在。

1. 十番会

"十番"是群"音"荟萃的民乐大合奏。其实,"十番"的解释"意如其名",简单明了,"十"表示数量,"番"是量词,就是谚语"一番江水一番鱼"里的"番",所以"十番"指的是"十种乐器",延伸出来便是管弦乐与打击乐组成的多种器乐合奏形式。十番音乐以管弦乐和打击乐交替互换打出各种节点,配以绍剧二凡、流水、三五七、阳路等各种曲调,节奏稳健,轻重分明:打击乐雄浑激昂,气势磅礴;管弦乐文静幽雅,活泼欢快,既有江南音乐的婉约阴柔之美,又有北方音乐的粗犷阳刚之气,是南北艺术融汇和重塑的产物。

一提"十番表演",当地百姓都对王坛长岭村的"十番会"赞不绝口!我以前跟随父亲访问过长岭村的孙裕金老人。孙老先生今年九十高寿,虽然不识几个大字,却有一手惊人的二胡绝技,令人钦佩!他回忆说:

> 现在很多人年轻人都不知道"十番"是什么意思,但在我小时候,逢年过节或者舜王菩萨生日时,到村头戏台上去看"十番会"的演出,那可别提有多高兴了!二胡这门手艺是我祖上传下来的,代代相传,我也说不上有多少年了,我爷爷是

我阿爷的师傅，后来我阿爷又教会了我。

小时候我曾问过阿爷"十番"究竟是什么意思，我阿爷这位地地道道的乡下头农民，当时语重心长地告诉我："'十'代表十全十美，'番'代表就是我们村的番号，不管什么时候，也不管在什么场合，只要是代表长岭村'长岭村十番会'出去演出，都一定要给大家展现十全十美的表演，绝不能给我们村丢脸。"这句话我印象很深，六十多年过去了，还依然刻在我心里。

"十番"乐从北至南，流传千年，既有北方音乐的粗犷阳刚，又融合江南音乐的婉约阴柔，是南北艺术融汇和重塑的产物，也是我国传统民乐的"集大成者"。或许正是因此而成为村民们心中"正统"和"尚雅"的代名词，就好比《难忘今宵》作为央视春晚的"保留节目"不得随意更改一样，"十番"表演是绍兴本地舜王庙会"必备演出"。

我们村的"十番会"现由二十多人的道士班子组成，上台时每人都会穿上长袍马褂，颜色通常是深蓝、深灰或青色。如果你看到过我们表演时的照片，随便找一张都能看到各种乐器的身影，比如京胡、板胡、二胡、三弦、梅花、月琴、大锣、大鼓、滴鼓等，我敢打包票，每次绝对不少于十种。最出名的是自己谱的《十番》曲，它打破了常规民乐演奏的方式，把越剧的小调与各种器乐结合在一起，深受大家喜爱，每次都能赢得满堂喝彩。我们的演奏方式有三种：大敲、小敲和清音。一般情况下，我们以小敲为主，既能随队边行边奏，也能坐下表演"坐唱",真是太有趣了!

舜王巡会是"流动的舞台",所以除了注重表演本身的艺术性,我们对行进时的姿态也十分讲究,尤其是步伐的一致性。为此,我们想到了一个特别有意思的好主意,那就是所有人走路时双脚向左右迈开八字步,动作幅度要求大步点小,并且每步都要踩上鼓点,只要做对了这三步,那就基本没有问题了。

现在回想起我们当年十番表演时的盛况,还是令人感慨万千。

2007年舜王巡会恢复后,十番会只在"祭舜大典"前出演落地庆寿,但并不参加巡会。

采访后记:

作为中国传统器乐合奏形式,"十番"的历史可谓源远流长,自明朝起便广泛流传于宫廷、民间、宗教阶层,在地方风俗、文人诗词笔记乃至传奇小说中屡有记载。清乾隆初年,侯官郑洛英《榕城元夕竹枝词》曾有云:"闽山庙里夜人繁,闽山庙外月当门。槟榔牙齿生烟袋,子弟场中较'十番'。"短短的七言律诗却足以展示"十番"在民间的火热程度。据胡兰成在《今生今世》"胡村月令"一辑中所言:"胡村十番班是唱绍兴大戏,惟唱而不扮,跟菩萨到落座的村里坐唱……"绍兴当地的"十番"热应该始于清朝末年,盛于民国时期。舜王庙会依然保留着这种古老而丰富的音乐传统,不仅为村民们带来了欢乐和热闹，也展示了中华文化的深厚底蕴和独特魅力。

2. 敲嘭会

"敲嘭"一词，形象而生动地展现了打击乐所特有的磅礴大气、节奏鲜明的特点，让人仿佛身临其境看到鼓手在舞台上激情澎湃的击打姿态。关于"敲嘭会"的起源，由于时间太过久远，无论是查阅文献还是走访民众，都无法找到确切的说法，但从绍兴当地"村村有庙有祠堂，庙堂之内有戏台，戏台之上均敲嘭"的盛况看，"敲嘭"的出现应该与当地丰富的民俗生活。

与"十番会"一样，"敲嘭会"也是绍兴当地专业的吹打乐班，它的音乐演奏风格独树一帜，同样属于浙东地区的民乐派系。然而，与"十番会"的"大合奏"式演出不同，"敲嘭会"以打击乐的专场独奏，尤其是热情洋溢的鼓乐表演。其与"丝竹乐"最大的不同在于乐队编配中由锣、鼓等打击乐器为主角，整体风格高亢洪亮、铿锵有力。

舜王巡会的"敲嘭会"有大敲和小敲两类，大小敲使用的乐器基本相同，主要有大锣、抬锣、京锣、叫锣、小锣、战鼓、大鼓、滴鼓、大钱、金钱、梅花、先锋（目连号头）等，其表演曲目除了大敲曲目以外，还有《行路调》《马上吹》等。在观众热情掌声的映衬下，鼓乐队奏出整齐、激昂的旋律，为巡会渲染出庄重、威严而喜庆的氛围。在"鼓手们"看来，他们不仅在进行一场表演，更是精神的传递。通过鼓点节奏与旋律的激情演绎，鼓乐表演淋漓尽致地展现了对舜王菩萨的敬仰,展示了虞舜信仰下当代人的精神面貌和文化内涵。

如今的"敲嘭会"在供筵前八仙庆寿时也充当后场。他们平时属于"道士班子"。

采访后记:

作为一名"音盲",我一直以为中华传统民乐都是一脉相承的,没想到在不同地域文化背景下还会演变出各自的独特风格。经"补功课"了解,"浙东吹打"也被称为"浙东锣鼓",泛指浙江东部和南部的传统民间器乐表现形式。我国的鼓乐表演可以追溯到四千多年以前,在《礼记·明堂位》中曾记载:"土鼓蒉桴苇草,伊耆氏之乐也。"这段描述刻画了鼓乐的独特乐音,说明早在春秋战国时期,鼓乐就已经登上历史舞台,这是中华儿女智慧的结晶,更是中华文明发展的见证,也在历史的演进中逐步成为虞舜信仰圈不可或缺的一部分。

而"浙东吹打"是一种名扬四海的传统音乐演奏形式,具有浓郁的地方特色和深厚的文化底蕴。在时代的长河中,以绍兴舜王庙会"敲嘭会"为缩影的"浙东吹打"不断传承和创新,逐渐形成了自己独特的音乐风格和表演形式。它不仅代表了当地人民的智慧和艺术才华,更是中国传统音乐乃至传统文化的瑰宝之一。

3. 丝弦会

作为越文化民间艺术的一大瑰宝,"丝弦会"与前文提到的

"十番""敲嘭"表演一样，都归属于浙东民乐一派。如果古朴典雅的"十番"表演是百姓们的"阳春白雪"，那么"丝弦"演奏则是上下兼容的"雅俗共赏"。丝弦小调轻快流畅、纤柔细腻，常将生活悲喜融于民间小调，不仅常登大雅之堂，也是百姓们茶余饭后的精神食粮。

在旧时舜工庙会的"丝弦会"中，通常会看到一个容纳二十多位乐师班子的阵容，是一个集弦乐、锣乐和管乐三位一体的演奏团体。当然，笙、箫、笛、三弦、碗胡、板胡、二胡、月琴、腿琴等丝弦乐器仍然是主要的演奏乐器。其实，"丝弦会"中也有一些扬琴乐手，但由于扬琴不便在行进中演奏，所以一般来说，它只会在戏台上参与演出，而不会在巡游会时参加。

舜王巡会时，"丝弦会"与各路鼓乐吹打的精兵强将同台献艺，不分轩轾。尽管各会的演出主题都是要喜庆热闹，但若是仔细聆听，还是能够很快察觉其中的差别。丝弦乐清脆悠扬，铿锵有力的锣鼓节奏与其珠联璧合，共同展现出独特的表现力——亦庄亦谐、张弛有度，整个团队配合得天衣无缝，层次分明、节奏有序地渲染出一派欢快喜庆的氛围，更有两支三节号在曲中穿梭，极大地增强了乐曲的表现力，有时乐手还会根据当时的场景配合乐曲运用不同的技巧即兴发挥，为整个演奏增添丰富的色彩和活跃的气氛。

在 2023 年的舜王庙会上，谷来片区的九里斜村带来了丝弦会的演奏，表演了丝弦锣鼓。尽管该村的农民是在今年才重新恢复了这一传统活动，但其表演仍保留一些原有的风味。

采访后记：

从明代中叶开始，以"丝弦会"为代表的绍系丝弦乐班便一直在民间广泛流传，遍布会稽山区的乡镇与村落，活跃街头巷尾，走进千家万户，影响深远，流芳至今，给人们的文化生活增添了无穷的魅力。每逢举办民间婚丧礼仪、丧葬祭奠、朝神拜祖以及舞龙舞狮等传统活动时，"丝弦会"总是会参与其中，热情演奏。

据说流传千年之久，宋代的《梦粱录》和明代的《陶庵梦忆》都对其有所记载。在"越文化系列丛书"中的《地域民间信仰与乡民艺术——以绍兴舜王巡会为个案》一书中曾提到，早在春秋战国时期，绍兴地区就已有以"丝弦锣鼓乐队为伴奏"的"村民社赛"与"庙会祭祀"活动。

二、角色扮演，各界欢庆

> 舜帝巡会显神威，
> 演员扮演皆特色。
> 三界欢庆都齐备，
> 文武双全秀风采。

身着各式创意服饰的角色表演，无异于一场汇聚各界人士、充满欢乐氛围的"Cosplay（角色扮演）狂欢"。

1. 奇珍异兽（动物界）

（1）龙会

自古"龙"是九五之尊、万灵之首，所以我先讲舜王庙会的"龙会"。当地一直流传着"百龙百铳"的说法，龙会一直是个大会。在百姓们心中，"神龙"不仅是舜王大帝的坐骑，更是掌管风雨的神兽。

据我父亲的统计，新中国成立前大概有十六支"龙会"，分别来自王坛镇、稽东镇与诸暨枫桥一带。龙一般是黄底，根据鳞片颜色的不同可分为红、灰、黑、黄、白、淡青六种，其中以黄龙数量最多。蒋村龙会的那条白底蓝鳞老龙，色泽纯净、身形矫健，它曾是多少人心中的图腾和信仰。杨宅村的龙是黄底黑鳞或红鳞的花龙，色彩浓郁，热情奔放，很受小朋友喜欢。肇湖村龙会也颇有自己特色，两条红黄相间的大龙，舞动起来气势磅礴，很有视觉冲击力！

龙身皆由竹制手工打造。他们在夜深人静的时候潜入别人家竹林偷偷砍竹，并在竹根旁放一个"利事包"，点燃爆竹之后才大摇大摆地扛着竹子下山。竹子的主人不仅没有生气，反而认为这是"祥龙降临"的好彩头，十分高兴。龙头制作的工艺很复杂，做好后要先用红绸布把龙眼包起来，选定良辰吉日，祭祀仪式后再把红绸布揭下来，称为"开龙眼"。龙眼开了，大家还要聚餐，并设鼓乐吹打庆贺，谓之"养龙"。

最有特色的是狴犴龙，俗称硬脚龙。制作狴犴龙时，要用竹笼编成龙身骨架，麻绳绑扎成龙身，包上黑色带白点花厚帆布作为龙皮。狌犴龙全身无鳞，长约十六米，体态矫健。龙头远看似虎，近看似狗，顶着"王"字样，威风十足。这狗头虎面的嘴巴，能张能合，吐红色蛇舌，一直延伸到下颌内部。每个竹笼为一档，各档间装一米长的木棍为舞龙手持用，共九档，每档一人，中间的身高要矮些，这样龙身看着起伏有致。

舞龙会带来一方平安，五谷丰登，大家都翘首期盼舞龙队伍的到来，如空间允许，会邀请龙会盘龙。表演前会放上几声铳，以振声势。舞龙时锣鼓配合，支撑龙头的人要力大，第二人也要高大，讲究腰要稳、步子要扎实，龙头不能碰破，龙身不能落地，即便休息也必须把龙身支撑起来，靠在墙上。

狌犴龙身硬直如长棍，因此舞动狌犴龙时，只能做爬杆、上下等动作，却又巧妙展现狌犴龙的刚直生性，也因此又得名"硬脚龙"。"狌犴龙舞"表演前，先举旗绕场地一周围成一个大圈，俗称"拉场"。随后，一段精彩的"吃珠"拉开龙舞序幕，这条威猛的狌犴龙将沿着场地的斜角画出一个完美的圆圈，然后，龙首将飞回到圆形场地的中央。这时，舞龙者三步连跳，挥舞龙身，在空中划出一条条美丽弧线。紧接着，擎旗五人以梅花桩的阵法布局，挥动旗帜，并用狌犴珠来引导这条狌犴龙进入梅花阵中。舞龙时常有二十余人，除龙身九人外，一人手持狌犴珠，四人擎"风""调""雨""顺"四字样三角旗，一人高举黑色"犴龙"幡旗，并带有自己的吹打班子。在鼓点的伴随下，狌犴龙的动作随着鼓点的节奏上下起伏。表演的形式会不断地变化，但都由幡旗为起点，顺次绕过四面三角旗，形成一个"风—调—雨—顺"的路线，借此表达山区民众幸福安康的希望。

不同会的龙不能同时上场表演,沿途遇到也会发生争斗。两龙争斗,若是扯落龙鳞就引发打斗,所以一旦两龙争斗,就会有一条"硬脚龙"(犼狂龙)来调解了。

巡会结束后许多表演队会留着在舜王庙旁双江溪畔沙滩上展演,最吸引眼球的便是百龙舞斗的表演,企盼来年丰收好兆头。

如今的舞龙队伍难有年轻人传承,龙会的舞姿也并不精彩,仅壮声势而已,更看不到"百龙舞斗"场景。"犼狂龙舞"被挖掘出来列入省级非遗项目(第三批)。但项目"守正"却任重道远,责任保护单位上虞市上浦镇中学培训的"犼狂龙舞",既没有体现"犼狂龙"特有的虎蛇龙合体的形象特点,也没有演绎出"犼狂龙"助力舜禹治水的神话。基于此,我带领绍兴文理学院大学生吴越文化研究会在王坛镇中学开设《犼狂龙舞》课程,培训一支保一方平安、风调雨顺的犼狂龙舞表演队伍,让学生感受绍兴南部会稽山区特有的社戏魅力。

采访后记:

细数宁绍一带的庙会或者传统节庆,"犼狂龙舞"扮常见,一般用来祈祷神明,去祸消灾,盼望风调雨顺、五谷丰登。关于"狂舞"的起源,各地传说的版本各不相同。余姚一带流传"狂斗恶龙"的故事,当地民众感激万分,尊犼狂龙为神明,将其神像贴在门上,并根据它的形象制作竹龙,模拟犼狂龙除五毒的场景编排成"犼狂龙舞",祈求犼狂龙保护当地天平地安。

（2）狮会

每逢重大节庆或舜王祭祀，无论农村还是城镇，无论街头还是广场，都会看到一群身手矫健、神态各异的舞狮队，以激昂澎湃的鼓乐为背景，精心地表演着各种舞狮动作。威武敏捷的狮子时而纵身翻越在巨大的梅花桩上，时而身姿挺拔，直立在威猛的狮头之下，时而安静地伏地打滚，时而双狮争斗。他们的表演寓教于乐，富有趣味，深受人们喜爱，在当地经久不衰。旧时舜王庙会有三支"狮会"，分别来自诸暨枫桥镇赵家、嵊州崇仁镇崇仁村和谷来镇岩潭村。

"狮会"的狮身造型充分参考了兽中之王的狮子形象特点。用竹篾编制成形状凶猛的狮头，像极了戏剧脸谱，色彩艳丽，制作考究，眼帘与嘴都可自由活动。狮身缠绕彩布，通常选用绸缎面料，质感一流。狮头外面罩上布，与狮身相连，用彩绘塑造狮形，狮身用线做狮毛。狮身黄毛为"黄毛狮子会"，狮身绿毛为"绿毛狮子会"。

与"龙会"出场一样，"狮会"表演前也都会放火铳，以振声势。崇仁村的"狮会"有四只大狮子，由八个热血青年扮演，分工明确：一人头戴狮头、一人背负狮尾。崇仁村的"狮会"表演讲究的就是逼真，所以表演者们运用灵活的马步，配合上狮头，模仿狮子的各种动作，搔痒、打滚、抖毛、跳跃、扑腾、踩球等，都被他们演绎得栩栩如生。若是在现场，就会听到那边锣鼓喧天，大锣、大鼓的声音震耳欲聋，狮子在音乐的伴奏下起舞，场面可谓壮观。

在一些"狮会"中，也能发现一些身材小巧的"小狮子"，常由一个人舞动一头，动作简单明了。当鼓点声响起，它们便随着节奏尽情摆动身躯，与大狮子共同演绎精彩的表演。有时还会有一位表演者手持彩球，以杂技般的技艺挑逗狮子，引导它们做出各种有趣的动作，为观众带来欢乐。

如今的狮会由湖墩舜王庙和吴山舜王庙的信众扮演，扮演者年龄偏大，没有专业培训，狮会难以舞动。只有座会邀请专业舞狮表演队伍为祭舜大典暖场。

采访后记：

"狮会"表演是山区百姓浓墨重彩的民俗艺术，是他们为了表达对生活的热爱和对未来的期盼而精心设计的表演形式。这种表演源于农耕社会，承载着人们对五谷丰登、风调雨顺、国泰民安等美好愿望的祈祷与企盼，极富历史底蕴和地域文化特色的风俗习惯。

（3）马灯会

旧时舜王巡会有三支"马灯会"，分别来自南子口村、沙地村和王坛村。其中南子口村的"马灯会"规模最大，约上百人。

在会稽山区，竹子资源丰富，"马灯"也是竹编而成的。待竹编"内壳"完成，匠人便在外面装饰上绘成五彩的马图案。马头和马尾分别扎在身体的前后，人套在中间看起来就像真骑在马上一样。"马灯"颜色丰富，常见的有白、红、绿、黄、黑等，其中白色是最尊贵的，是必不可少的元素。

舜王巡会之时,"马灯会"的出场特别有辨识度。只见一位身着战袍的"将士"身扛红底"马旗"走在前面,这面大旗宽有两丈,长也足足一丈,四周都是用金色丝线精心绣制的奔马。最后是威风凛凛的"元帅",他双手擎一高大"帅"字旗,颇有南来北往、征战出师的味道。

跟"狮会"一样,"马灯会"常自带吹打班子,"马灯舞"的节奏与鼓点配套,整齐有序。他们头戴鲜艳的头巾或者辉煌的紫冠,腰的前后用彩带系上假马,左手拎着马颈,右手挥舞马鞭,英姿飒爽。在表演时,演员们力求展现出头向前倾,眼神传情,上半身挺直,手臂显神,脚步有力,腰身稳健的姿态。就像马蹄"得儿得儿"的节奏一样,他们随着锣鼓声的节奏,一个接一个,有时候慢慢行走,有时候犹如万马奔腾,跟着鼓点策马扬鞭。"马灯舞"中的不少动作模仿了戏曲表演中的"趟马",例如扬鞭、摧鞭、挥鞭、举鞭等,他们的舞姿粗犷而优美,栩栩如生。虽然表演动作以马为中心,但舞者不会完全拘泥于马的动态,而是时常变换阵型,像三角阵、四角阵、长蛇阵、圆阵铁索环等,展现出勇往直前的英雄气概。

如今的巡会,"马灯会"仍在,但马灯舞有待恢复。

采访后记:

"马灯会"的由来可追溯到《诗经》里的"祃祭",这是一场古代出征之前举行的"出师祭",全体将士在城门下集结,一匹匹英勇矫健的战马被精心装饰成五彩斑斓的样子,同时鼓声激荡人心,振聋发聩,场面显得非常雄壮威武,让人心潮澎湃,热血沸腾。慢慢地，百姓将战马的英姿化身为"功成名就"的代名词，逐渐发展出今天我们所熟知的"马灯会"演出。

（4）狮象虎豹会

旧时舜王庙会中的"狮象虎豹会"并不多见，仅有嵊州谷来镇岩潭村和木谷村两地联办了一个。这个创意的灵感可能来源于古老而又富有活力的民间艺术形式"皮影戏"，将戏剧表演和传统"魔术"机关布景融为一体，为观众带来了一种充满神秘和新奇的视觉享受。

与大型阵容的"舞龙舞狮"表演相比，"狮象虎豹会"的会通常只需四人出场足已。他们身着素色的汉服，脚步沉稳，推着一辆中式装扮的平板小推车，缓缓地步入了观众们的视线中。在这辆平板车上，摆放着一个制作精良的大笼子，仿佛一个浓缩了自然万物、珍贵奇兽的"大观园"。笼子里装着用彩纸手工糊制的狮、象、虎、豹等凶猛野兽的模型，它们神态生动，栩栩如生，让人仿佛置身于一个壮观的猛兽王国。当操纵机关的艺人轻轻一拉绳索，这些纸糊的猛兽便跃然而起，或是跳跃扑腾，或是扭动着庞大的身躯，活灵活现地展示着狮子滚绣球、猛虎戏蝴蝶等生动的表演场景。这场华丽而又独特的表演，不仅让观众大饱眼福，也让人们领略到中国传统民间艺术的无穷魅力。

绍兴市虞舜文化研究会正在争取恢复"狮象虎豹会"中。

采访后记：

"狮象虎豹会"作为一种独特的民间艺术形式，将传统手工艺与表演艺术巧妙地结合在一起，展现了中国传统文化的深厚底蕴和无限创意。这种表演形式不仅是对古老"兽舞"的一种艺术化再现，更是对人与自然和谐共生理念的生动诠释。在观赏这场表演时，我们仿佛感受到古人对自然界中猛兽的敬畏与好奇，以及他们通过艺术手段将这些猛兽赋予人性的情感与智慧。

在未来的发展中，期待更多像"狮象虎豹会"这样的民俗表演形式得到恢复和发展。也希望相关部门能给予更多的支持和关注，为这些传统艺术的传承和发展创造良好的环境和条件。让我们共同努力，让中华优秀传统文化在新时代焕发出更加璀璨的光芒！

2. 神鬼传奇（神鬼界）

（1）白神会

"太平会"，又称"白神会"，将无常鬼怪在民间惩恶扬善的传说编成滑稽小戏，曲风幽默讽刺，颇受大家喜爱。

舜王庙会原有两支"白神会"，一支来自稽东镇车头村，一支来自王坛镇陈村，总计六七十人。虽然"跳无常"是戏曲，却兼具了乐班与武术的特色，兼具故事性与观赏性。"白神会"传承绍剧的曲风，常备八面铳火，十面旌旗，十支目连号头，浩荡的民族乐队也巍然挺立。这个乐队由锣鼓、板胡、碗胡、二胡、笛子、月琴、腿琴、三弦、呵素等乐器组成，色彩斑斓。呵素形态如大喇叭，属传统民乐器，声音高亢激昂，含着一股苍凉悲切的气息，每当"冤鬼"要出场，后台就会吹响它，那凄清的曲调为这个节目添加几分浓厚的神秘色彩。

庙会时，除了参与巡会队列进行演出，"白神会"也会在双江溪舜王庙前的沙滩上表演。"跳无常"的故事丰富，但主要扮演角色有鬼王、判官、死无常、小鬼、冤魂等。"跳无常"的故事内容很精彩，主要角色都很有特色，包括鬼王、判官、死无常、小鬼还有扮相可怜兮兮的冤魂们。"鬼王"头戴白纸帽，脸涂金粉，上身裸露，斜背角带，足穿草鞋，左手拿一块书"圣旨"二字的令牌，右手拿一把纸折扇，后有一人为他撑伞，神态凶狠严肃，让人吓得后退三分。"大白神"便是男主角"白无常"，只见他脸涂白粉，头戴白纸高帽，帽上书有"一见有喜"四字，身穿白布长衫，腰系草绳，足穿草鞋，拖着长长的假舌，左手拿芭蕉扇，右手拿勾魂牌，走路样子与济公有几分相似，尽显放荡不羁的洒脱性子。"小白神"俗称"死无常"，黑脸，头戴黑纸高帽，帽上有四个白圈，上书"一见生财"四字，身穿黑袍，腰系草绳，脚穿草鞋，左手拿着雨伞，伞头朝前，伞柄朝后，右手握着铁索，铁索牵着肩枷锁的"犯人"。"大头鬼"头上套一假头，用竹编成，外糊纸，用彩色画出头像。"小头鬼"头戴一帽，帽子是一个小头的样子。

"白神会"的节目均选自浙东哑目连戏中的角色，通过巧妙的编排，呈现出一种独特的群舞，以夸张的表现和戏剧手法演绎惩恶扬善的鬼故事。每年舜王庙会期间，《送夜头》和《拖油瓶》这两出经典小戏都会准时上演，深受大家喜爱。

"夜头"在绍兴方言里指"深夜"，《送夜头》的故事就发生在午夜时分。以前绍兴一直有请巫师作法事的传统，若是家宅不安或家人生病，这家人就会准备好酒饭和纸钱放在米筛上，请道士在半夜三更把恶鬼送走。道士"阿招"在这夜便要"送恶鬼",他装扮得像双簧的丑角演员,头上右边扎一小辫,鼻子涂白,穿蓝色粗布衣,扎白布短围裙。只见他手捧米筛,上面放着酒饭纸钱这些送夜头所用一应物件,在冷锣"哐嚓哐嚓"的节奏下,步履蹒跚地踱步,边走边嘟囔:"要吃要拿跟着我来!"等冷锣奏完,"阿招"这才停下脚步,他小心翼翼四下张望,美美地打了个哈欠,再慢慢蹲下,把米筛上的碗盏排开,点上香烛,把酒斟上,拜上几拜,口中念着:"吃了拿了就回你自己的家去。"一套动作如行云流水,就当"阿招"正准备打道回府时,突然观众们哄堂大笑了起来,原来是"白无常"早已登场,他一路偷偷跟在"阿招"后面,双眼直勾勾地盯着酒壶与饭菜,活现满脸嘴馋的模样,一个跟头便翻到米筛跟前,举起酒壶就往嘴里。这一"诡计"可把"阿招"和赶来的恶鬼吓坏了,于是,一场你追我赶的滑稽好戏就正式开始。剧情并不复杂,但演员们极致的表演却让观众们赞不绝口。

"拖油瓶"是吴地方言里带有封建色彩的比喻,是旧社会里对妇女改嫁的性别歧视。我记得《初刻拍案惊奇·卷三》曾有言:"杨氏是个二婚头,初嫁时带个女儿来,俗名叫作拖油瓶。"《拖油瓶》的剧情背景也和此相似,讲的是妇人带着孩子再婚,孩子与已经化作厉鬼的亲生父亲难舍难分的故事。先出场的头"顶"砍刀道具的"男鬼",他牵着"儿子"边上场边说:"老婆有了姘头,我被砍死,可怜我这儿子便成了拖油瓶。"紧接着,浓妆艳抹的"恶妇"与"道貌岸然"的"奸夫"上场,他们一个拿着菜刀砍儿子逼着父子分手,一个甩出一叠纸钞哄孩子跟自己走,丑态百出,滑稽可笑。就在场面僵持不下时，主角"白无常"登场，他今天奉命当差来送"男鬼"投胎。"白无常"见这"恶妇"一副凶神恶煞的模样，简直比自己这"真鬼"还要吓人，于是一个箭步上前用棍子把恶妇赶开，并用棍指天、指地、指心，其意思是做人要凭天地良心。奸夫见状，谄媚地走近"白无常"，手持一把大折扇，伸出三根手指，意思是送无常三百两银子，叫无常放他们一条生路。无常见罢，抡起棍子朝着奸夫劈头盖脸就是一棒，然后依然棍指天、指地、指心，教这对奸夫淫妇做人做事要坦荡清白、问心无愧。

除了结构完整的小戏外，巡会时，"白神会"会沿途随意发挥，不时来个"小剧场"。例如，大头鬼与小头鬼相互调侃，赌鬼与讨债鬼相互打骂，酒鬼醉态的表演等等，惹得路旁的观众们捧腹大笑。

2012 年，位于东浦镇的绍兴市虞舜文化研究会酒仙分会派绍兴酒市民俗活动的"白神会"友情参演了"跳无常"。然而，由于车辆费用和演员误工费的负担沉重，之后未能每年参演。 2018 年，研究会谷来片区组建了"白神会"社戏班子，研究会指派副秘书长、绍兴著名绍剧艺术家何茂泰老师进行培训，谷来片区"白神会"于当年闪亮登场于舜王庙会谷来片区祭舜大典前的社戏表演，并参加谷来片区舜王巡会。可惜，次年一些扮演者以打工、表演能力弱等为理由退出，导致谷来片区"白神会"被迫解散。

2020 年，在王坛镇新建村广场舞领舞喻国英积极支持下，新建村白神会顺利组成。从此，白神会每年参加了舜王庙祭舜大典和市虞舜文化旅游节开幕式前暖场表演，甚至应邀参加"绍兴有戏——非遗兴乡大巡游"活动。

到了2023年，研究会不仅为白神会的表演添加了背景视频，还鼓励他们对角色进行再创作。这样的创新进一步激发了"白神会"表演队伍的参与热情，也显著提高了作品的质量。

采访后记：

在绍兴民间信仰的世界里，"黑白无常"是阎罗王的得力助手，他们的主要职责是在人们离世时，将那些在人间流连忘返的生魂带回阴间。虽都是无常，但"黑无常"负责"惩恶"，"白无常"则负责"扬善"，常给阳间好人发财和走运的机会。这种外形与行为的反差恰恰反映了民间的价值观：没有绝对的好人与坏人，无论是鬼怪还是凡人，都兼有善恶。"太平会"跳"无常"，便是指"白无常"，也就是百姓们说的"白神"，"白神会"因此得名，旨在保一方平安和太平。鲁迅在《朝花夕拾》的《无常》篇中就对这位亲切近人的"鬼神仙"有过直接的描述："……和无常开玩笑，是大家都有此意的，因为他爽直，爱发议论，有人情——要寻真实的朋友，倒还是他妥当。"

（2）八仙会

"八仙"是中国民间神话中八位道教神仙，起源很早，流传甚广。与道教许多神仙不同，"八仙"都是民间的凡夫俗子，并非生而为仙，有着丰富多彩的故事与真诚坦率的性情，在历经千辛万苦后才修得道果。与那些端庄肃穆的神仙形象比起来，"八仙"们别具一格,格外受到百姓们的喜爱。"八仙"人物出处不一,每个人的形象特点鲜明,分别代表了男、女、老、幼、富、贵、贫、贱。一般道观中都供奉八仙,甚至专门建个八仙殿。随着宗教的多元融合与本土化的繁荣发展,八仙在庙会、年画、刺绣、瓷器、花灯以及戏剧等各种场合频繁亮相,犹如"无处不在的守护者"。相传八仙每年都会参加西王母的蟠桃会为她祝寿,因此"八仙祝寿"也成为民间艺术中常见的祝寿题材。民间在谢神祝寿或菩萨祭祀时,也会常常表演《醉八仙》或《八仙祝寿》这样的所谓"八仙戏"。

舜王座会的"八仙会"九位大咖齐聚一堂,演绍剧名篇《八仙大庆寿》片段,精彩纷呈,令人大饱眼福!看,"王母娘娘"手举拂尘,一身仙气飘飘;"吕洞宾"握着宝剑,风度翩翩;"汉钟离"挥动着扇子,逍遥自在;"铁拐李"摇晃着手中的葫芦,似醉似醒;"张果老"的渔鼓,敲得人心儿跳;"蓝采和"捧着花篮,一派灿烂;"韩湘子"拿着箫,玉树临风;"何仙姑"手握荷花,美若天仙。九位演员在台上"各显神通",他们以自己独特的方式向舜王表达至高无上的敬意。

舜王巡会时,"八仙会"随队演出,不另设戏台,遇有供筵驻马时,九位演员便就地分两列排开,围在供桌前演唱,为斋主添福加寿。尽管表演形式简练,舞台也无固定规模,然而演员们始终全神贯注于每一场演出,这使我不由得想起一句励志语:"心有多大,舞台就有多大。"

巡会时的"八仙祝寿"分为"神降""献礼"与"唱词"三部分。首先是"西王母"和"南极仙翁"闪亮登场,他们边唱边念,为本段故事做个"前情提要"。随后,"八仙"们依次亮相,他们是:汉钟离、曹国舅、张果老、铁拐李、吕洞宾、韩湘子、蓝采和与何仙姑。每位神仙登场时先是站到舞台中心,然后展示一段个人演唱。每位表演者的唱词都充满了鲜明的个人特色。除了展现他们各自的外观、衣着风格、生平故事和法术能力外,唱词还会根据"斋主"的具体愿望进行"因斋制宜"的现场创作。例如,如果张村的张三"斋主"祈求财运,那么唱词的结尾可能会加上一段特别的祝福:"这一年是个张家吉祥年,好事连连,喜气洋洋,财源滚滚来,事业蒸蒸日上,金银珠宝堆成山,积善行德有福报!"在舜王巡会的表演中,唱词是主要的表现形式。每位演员在进行单独表演时,都会随着唱词舞动手中的法器,这个动作被视为赐福的象征。演员们可以自由发挥动作,没有固定模式。在舞动中,法器闪耀着耀眼的光芒,宛如福泽的金光普照大地。

在舜王巡会恢复之初,湖墩舜王庙组织的"八仙会"隆重上演。社区成员齐心协力,有钱的出钱,有力的出力,共同为演出筹备所需的演员、戏服和道具,展现了大家的共同努力和对传统文化的热爱。

自2015年起,研究会便着手推动演出艺术化、故事生动化以及团队年轻化的工作。为此,研究会特别邀请了绍兴著名的绍剧艺术家何茂泰老师来指导"八仙会"的表演项目,包括"八仙庆寿"和"财神赐福"。在何老师的精心指导下,八仙会的表演水平得到了显著提升,所有的角色现在都可以由年轻的儿媳、侄媳或好友来担任,实现了角色的代际更替。

经过这样的改革和提升,"八仙会"多次参与了绍兴市的非物质文化遗产兴乡巡游活动,展示了传统艺术的魅力,并受到了观众的热烈欢迎和好评。这些活动不仅增强了团队的凝聚力,也为传统文化的传承和发展注入了新的活力。

采访后记:

在绍剧中,"八仙庆寿"属于庆贺寿辰类主题,是一种吉庆类短剧,早在宋元时期便已出现,至明代而大盛。到了清代,八仙庆寿剧更加广泛地在当地民间流传,用于普通百姓的庆寿场合,其中最常见的就是《八仙大庆寿》(《蟠桃会》)。

(3)抬阁会

"抬阁"在古文中称为"擡阁",是旧时民间迎神赛会中的一个巡游项目,常备一四方形木制小阁,内有两三人扮演戏曲故事中的人物,由人抬着游行。这种与迪士尼乐园"花车巡游"如出一辙的民间习俗,鲁迅也曾在《朝花夕拾》的《五猖会》中有过介绍:"其次是所谓'高跷''抬阁''马头'了;还有扮犯人的,红衣枷锁,内中也有孩子。"

在绍兴南部会稽山区,舜王庙会"抬阁"也叫"扮故事"。作为巡会时最受欢迎的表演项目之一,"抬阁会"吸收浙东一带各地区"抬阁"之精华,将虞舜传说与风土人情合二为一,融绘画、戏曲、彩扎、纸塑、杂技等艺术为一身,很有当地特色。据《绍兴市志》卷四一载,会稽山区抬阁自明代大盛,一直延续至今。

舜王巡会中的"迎抬阁"沿袭了绍地一带的传统样式,将江南水乡的亭台楼阁建筑特色凝结在这一"小戏台"上,"抬阁"以粗木架为底,顶上立一四角木亭,亭上四角各挂一宫灯,周围的锦缎花团锦簇。亭中人物造型各异,有扮成"金童玉女"的孩童,也有扮成"八仙过海""昭君出塞""貂蝉拜月""唐僧取经""哪吒闹海""桃园三结义""龙凤呈祥"等戏曲角色的成人。每回亮相,都能赢得观众们热烈的欢呼声!

"抬阁"内的演绎就像是"抬阁"的装饰一样,无须用力雕琢与卖力浮夸,主打小巧精致的亮点呈现,主要还是人物形象的展示,并伴着"清音班"的节奏,相应地做一些简单的表演动作。别看巡演时的抬阁数目不同,有时候它只有五六部,但多起来可就不止十部甚至更多了。而且不同的抬阁也各有其特色,小的只需要四人扛抬,大的可就要更多人手了。当地习俗,凡是抬阁经过的地方,如果有屋檐等障碍物,必须清理干净,以确保顺畅通行。

(4) 游戏会

"游戏会"里的"游戏"可不是如今"嬉戏玩耍"的释义,而要将其一分为二地理解,"游"表游历四方后的阅历,"戏"表戏如人生的积累,二者合二为一,就是寓"游"于"戏",通过"演绎"古今的"戏",将德孝之美寓于其中,以此来颂扬这流传千年的美德。

旧时舜王庙会的"游戏会",是来自稽东镇杨宅村的"绍剧班子",信众数达三十余人。与"八仙会"常常在驻足停留时进行表演的风格不同,"游戏会"在巡会行进时一般不进行表演,而是等到了沿途过夜村子里再搭台演出。相比于前者,"游戏会"选用的绍剧片段就丰富多了,但都选用一些惩恶扬善的戏剧人物,如《包公铡美》《庄子劈棺》《目连救母》等。除了参与巡会,"游戏会"也会在双江溪舜王庙面前的沙滩上搭台亮相,好不热闹!

如今的舜王庙会尚未恢复游戏会。

3. 凡夫俗子（凡人界）

（1）大臣会

与仪仗队一样,表演队伍中也有"八大臣"的身影。舜王巡会时,身着五彩官服的"大臣会"扮演这八位大臣,加入气势磅礴的随从队伍中,始终跟随在舜王神轿的后方,如影随形,直至入庙后方才卸妆离场。这队"特别"的随从,不仅为舜王威严的形象增色添彩,更使舜王出巡的场景显得更加真实可信。细看八位大臣的官服,尽管都以亮丽颜色为基调,但其中的图案各有特色,分别展现八大行业的风采,此举意在祈求各行各业欣欣向荣,民众乐业安居,社会和谐美满。但旧时"八大臣"表演程式已无从了解。

2022年9月,研究会成立了一个由绍兴文理学院艺术学院学生组成的特殊表演队伍——"大学生版八大臣会社戏表演队"。该队伍通过创造"穿越时空"的情境,重新演绎了八位大臣向舜王汇报工作,协助舜王治国安邦、经国序民,以及商议舜的接班人选的场景,生动地展现了古代禅让制度的传说。这一创新性的表演不仅活化了传统的"大臣会",还成功地将其与勤政爱民、天下为公的虞舜精神相结合。在 2023 年的舜王庙会上,"八大臣朝拜"成了戏台暖场的亮点,为"舜德润越"社戏专场增添了精彩。此外,这一表演还作为教学资源被引入王坛镇中学,成为 5 月 18 日举办的"与四千年前舜王跨时空对话"主题沉浸式教学活动的一个环节。通过这样的互动体验,人们深刻感受到了虞舜大帝当年以天下为公、用人唯贤的气度与远见,进一步弘扬了虞舜文化。

采访后记:

大学生版的"八大臣"表演队为古老的舜王庙会注入了新的活力。他们以青春的热情和创新的思维,重新诠释了这一传统角色,使得"八大臣"的形象更加生动鲜活。他们的表演不仅展示了虞舜文化的魅力,更传承了勤政爱民、天下为公的虞舜精神。这种精神在当今社会依然具有重要的意义,它提醒我们要以天下为己任,关注民生,为人民服务。

同时,大学生们的参与也为我们提供了一种新的传承方式。他们通过学习和表演,深入了解了虞舜文化,成为这一文化的传承者和弘扬者。这种传承方式不仅有利于文化的传承,更有助于培养年轻人的文化自觉和文化自信。

(2) 高跷会

在旧时的舜王庙会中,有四支独特的"高跷会"表演队伍。其中一支是由王坛新建村的太婆自然村和芝坞山自然村联合组成的,而其他三支分别来自王坛丹家村的安基湾自然村、谷来镇的高墩村大年自然村以及稽东镇的尧廓村。地理位置上，这五个村庄都位于"山沃里"地区。

"高跷会"的形成并非偶然，而是得益于"天时地利人和"。在多雨的山区，道路在雨季变得泥泞难行。为了解决这一问题，当地家家户户都会制作一种高约五六十厘米的高跷"雨鞋"。孩子们从小就开始学习踩高跷，因此整体水平相当高，甚至能够站在一丈多高的木棍上踩着高跷行走。

据孙阿兴老人回忆，芝坞村里曾有一位被称为"高跷大神"的人，名叫木荣全。他能够踩着高跷挑着两斗米（约三十六斤）的担子翻山越岭，行走五里路，即使是过竹桥也不成问题。这些高跷技艺的传承不仅体现了当地人民的智慧和勇敢，也成为舜王庙会中一道独特的文化风景线。

在舜王巡会的队列中，"高跷会"通常排在"龙会"后面，民众们脚踩高高的七尺木棍，扮演成各种戏剧人物，如刘关张、曹操、诸葛亮、貂蝉、唐僧师徒、姜太公、福禄寿星、哪吒、八仙、财神、观世音、金童玉女等角色。他们行进时就像在跳舞，边打飞脚边表演，即便累了，也只会靠着树屋休息，不会轻易停下脚步。每年迎神的时间正是柿子熟透的时节，当地村民们大多会在屋檐上晒美味的柿饼，为家中的喜庆时刻添些色彩。当"高跷会"经过一些比较低矮的瓦屋时，会"调皮"地把手一伸去抓那金灿灿的柿饼，美滋滋地品尝起来，看起来"落胃"极了！村民们见这情景，也不见怪，反而笑脸相迎，为自己家也为迎神作了贡献感到由衷地高兴。

如今的舜王庙会已看不到"高跷会"了,当地能踩高跷的老人很多,我们那代人小时候也会踩高跷,但为了安全不敢恢复。

采访后记:

"捷足居然逐队高,步虚应许快联曹。笑他立脚无根据,也在人间走一遭。"清代诗人恩竹樵在他的《咏秧歌》诗中曾提到春节期间的踩高跷游艺活动。这项"木棍上的舞蹈"据说源于远古时期人们采摘高树上野果的"妙计",早在明清时期就已经传遍大江南北,令人啧啧称奇。

(3) 地图会

讲到"地图",相信大家的第一反应都与我一样,立刻想到"导航"与"卫星"。实际上,这种将于方寸之间一览天下的绘图方式,早在距离今天三千多年前的周朝时就已经被发明,《周礼·地官·土训》有记:"掌道地图,以诏地事。"东汉经学家郑玄注释"说地图九州形势山川所宜",强调"地图"是将土地山川河流等自然风貌还原的图纸。在遥远的古代,并没有像现在这样精确的卫星定位,再往前追溯,甚至还没有指南针。不过,聪明的先人们并没有因此而束手无策,他们利用大自然赋予的花草树木和飞禽走兽们作为"地标",巧妙地展现出各个地方的独特之处。

"地图会"的创意便与这远古的智慧息息相关。位于绍兴南部的会稽山区是个物产丰饶之地,这里孕育着种类繁多的奇珍异兽以及无数优质草药,在这里,自然生态保持着原始而丰富的活力,仿佛是一个神秘的动植物王国。据民间传说,这些丰富的生物资源是当年娥皇女英两位舜妃为了造福会稽百姓而特意施法降福,二妃的善举不仅点燃了绍兴南部会稽山区的生机与希望,更是给这片土地留下了无尽的自然瑰宝。

每逢舜王巡会时,"地图会"的信众便会用锡纸"复刻"当地的花草、神像等"特产",比如绍兴有名的香榧、兰花,并把"纸特产"贴在竹制头套的外面,戴上参与巡会,宛如一个行走的"会稽特产博物馆"。

研究会正在研究恢复"地图会"。

采访后记:

会稽之景,岁月长歌;以图示地,直抒胸臆。"地图会"的信众们通过这种直白的形式,既增加巡会的趣味性,又进一步宣传家乡的文化历史,提高人们对地域文化的认知与了解,是巡会活动中不可或缺的一部分。

(4) 三十六行会

当地百姓把繁荣归功于舜王大帝的庇佑,为表达对舜王大帝的感激与敬意,因此组织了"三十六行会",在舜王庙会时化妆成日常生活中常见的各行各业人物,展演各业兴隆和对舜王的感恩。

"三十六行会"的会旗随风飘扬,给人一种朝气蓬勃、振奋人心的感觉。在大旗引领下,有四到六名持马刀的勇猛护卫,他们精神抖擞,守卫在两侧,为巡会增色不少。队列正中间的便是能文能武的"行业翘楚"们,他们在队首的带领下,根据地形与环境,整齐划一地变换队形,常见的有长条的"龙阵"或五边形的"梅花阵"。接着,根据扮演的角色和行业的不同,信众们操起"干活儿"的工具逐一上场表演,在表演过程中,伴随着清幽而典雅的音乐伴奏,音乐使用的乐器种类繁多,有鼓、板胡、二胡、三弦、月琴、腿琴、笛子等,音乐声声入耳,令人陶醉。

表演者们大多素面,穿的就是当地农民平日里穿的衣裳,道具也是真正的生活用品和劳动工具,他们一个眼神、一伸手、一张口,大家一眼便能看出这是地地道道的农民,是土生土长的当地人。可就是这土味十足的野生装扮,虽未必经得起艺术的鉴赏,却充满了老百姓的智慧与趣味,往往能博得满堂彩!比如,"看相的"会特意戴副圆框墨镜,举着"阴阳八卦"的旗子摇摇摆摆着走过;"理发的"挑着理发担子,晃晃悠悠一路吆喝;"绣花的女子"穿着蓝色短袄、举着绣绷害羞地遮住半张脸;"卖酒的"挑着一担子酒桶,不时拿着壶瓢给大家展示展示。

会稽山区的百姓世代以农耕为生,都说"三百六十行,种田第一行",作为扮演生活中常见的各种劳动者的"三十六行会"中,自然少不了大家最熟悉最亲近的犁地农民。在巡会中,农民大伯往往是第一个出场的"嘉宾",他们通常穿着粗布短衫,肩上扛着犁头,有的甚至还卷起裤脚,鞋跟上沾满泥土,这一时之间,还真是让人难以分辨这台上的究竟是"农民演戏"还是"扮演农民"了!

除了展现各行各业的劳动场景,"三十六行会"会在神像"过夜"或"驻马"时表演戏曲,有的演小戏配小曲儿,有的还会演绍剧，他们选的戏本充满生活气息，诙谐生动，直击百姓们心坎儿，让戏迷们十分过瘾。

"真正的艺术，源于生活，又高于生活。"或许这就是对"三十六行会"表演最好的概括，百姓们将自己的幸福生活以幽默的方式表现出来，喜悦之中有喜感。

2010年，在主场庙台上，三十六行的表演队伍带来了精彩的演出，这得益于东浦镇酒仙分会会长盛勤建的大力支持和组织。然而，由于演出涉及的相关费用较高，导致无法保证每年连续的演出。值得一提的是，东浦版的三十六行表演充分体现了当地水乡的独特风情。为了确保庙会三十六行表演队伍的稳定性，并充分展现绍兴南部会稽山区的传统行业特色，迫切需要建立一支由本地传承者组成的三十六行会队伍。这样的队伍不仅能够持续传承和发扬当地的传统文化，还能够在每年的庙会中为观众带来精彩的表演。

2015年，研究会成功与王坛镇的民间文艺团体——绍兴市柯桥区醉梅艺术团建立了合作关系。该艺术团由热爱公益事业并对舞蹈充满激情的王坛镇本地人于利娟发起，自2012年成立以来每年都在柯桥区的才艺秀中获得奖项。三十六行会最初的表演形式以传统的无唱词为主，但随着时间的推移，表演形式不断丰富和完善。2016年，何茂泰老师为三十六行会编写了唱词并设计了职业专属动作，使表演更具艺术性和观赏性。 2021年，我设计了情景化剧本，大学生黄科晔为剧本配上了背景视频，柯桥区文化馆副馆长王恒亲临培训现场，指导三十六行会情景剧表演。

展演三十六行可分为三个类别：

1. 男耕女织类：包括种田人、采茶女、㧜蛇佬、染店倌、搷花工、纺织工、绣花女、裁缝、鞔鞋师傅，共九行。

2. 行商坐贾类：包括南货店倌、茶店倌、肉店倌、朝奉先生、造纸匠、司工先生、账房先生、酒作坊、酒店倌、买膏药、买豆腐、磨剪刀、郎中先生、换糖佬、风水先生、教书先生、算命先生、剃头佬、媒婆，共计十九行。

3. 手工作坊类：包括木匠、泥水匠、铁匠、铜匠、石匠、油漆匠、竹匠、箍桶匠，共八行。

通过这些丰富多彩的表演，绍兴舜王庙会不仅传承了传统节日的文化内涵，同时也向观众展示了绍兴南部会稽山区丰富多彩的民间艺术和手工艺。

采访后记：

在"00后"的世界里，"Cosplay"一词可不是新鲜事儿了。这个起源于日本动漫的"变装游戏"，在20世纪就红遍港台，并在引进内地后广受年轻群体的喜爱。在Z时代的Coser心中，无论自己扮演的是热血少女、高冷忍者、霸气海盗还是一株朴实无华的仙人掌，这都是自我表达的独特方式，更是对心中理想世界的现实描绘。"95"后的我并不是"动漫迷"，对Cosplay的了解也只是略有耳闻。但没想到，在这次探索绍兴舜王巡会民俗文化之"旅"中，我竟然有一个意外的收获：原来在千百年前的舜王巡会就已经出现了如同今天的Cosplay一般的角色扮演。

三、武术表演，各展雄风

> 舜庙盛会展武艺，
> 拳风腿影舞翩跹。
> 英姿飒爽显神威，
> 民众喝彩声震天。

中国功夫源远流长，博大精深。在绍兴，会稽山区的各村落一直保持着强身健体、修习武术的传统，他们世代相传，将武术精髓融入本土文化与日常生活，不仅开创了独特的武术风格，也是迎神赛会时备受瞩目的焦点。

1. 罗汉会

绍兴舜王庙会的"罗汉会"是以越地"罗汉拳"为独门技艺的民间武术团体。他们将传统拳法与当地民俗相融合，在保持拳法力量感的同时，让自己的"武术大秀"兼容实用性与表演性。若是赶上迎神赛，"罗汉会"还会结合当地宗教信仰的特点新编拳法，让演出更增添神秘色彩。

在所有的武术会货表演中，"罗汉会"绝对是响当当的名字，它的名声如同明星一般耀眼，而在这些"罗汉"明星之中，"童家岭罗汉会"无疑是最有名的，堪称群星中的璀璨巨星。2003年，我跟着老父亲去拜访时任童家岭村村长李国平（1944年出生）。李村长自豪地夸耀："武打看罗汉，罗汉就看童家岭！"在舜王庙会的世界中,"童家岭罗汉会"占据着不可撼动的地位,"童家岭罗汉会"就像一位恪尽职守的侍卫,守护着这场人神对话的盛会。它不仅是舜王菩萨梳妆仪式的主持,也肩负着维持舜王庙会秩序的重大责任,是庙会中备受瞩目的明星之一。在我看来,他们就像是舜王大帝忠实的战士,是舜帝在民间普度众生的弟子,是人们心中的英雄。

我之前说过"童家岭罗汉会"那威风凛凛的蜈蚣旗,远远望去,耀眼醒目、霸气十足,旗如其人,像极了"罗汉会"的各位英雄好汉们。"我们村里力气最大的要数李明法,他能一个人擎起蜈蚣旗。"李村长骄傲地说。

舜王巡会时,"罗汉会"除了在沿途各村与菩萨"过夜"的村落表演,巡会结束后还会在双江溪舜王庙门口的沙滩上搭起自己的"擂台",许多外地"罗汉会"也会慕名才"应战"。

"童家岭罗汉会"出会当天参加表演的通常有大罗汉十二名,小罗汉十二名,旗手六名。作为"金字招牌",他们的表演从踏上前往舜王庙的路上就已经开始了,凡是经过的村庄都热情邀请他们歇脚留步,男女老少们簇拥着"罗汉们",期待能够表演一场大饱眼福。

巡会时,"小罗汉"们坐着一种像竹筏的轿子,这是当地民间常见的自制"斗轿",在两根毛竹中间横一块木板,下面再用绳索挂一块搁脚板便完工了。"一是因为这都是群娃娃,巡会要翻山越岭的先让他们休息休息;二是因为'小罗汉'也有'小菩萨'的意思,都是机灵聪慧的孩子,自然不能让他们多受苦受累。"这一群"小菩萨",全身上下穿得红彤彤,就像一团热烈的小火焰,白裤下摆绣着花儿,头戴红头巾,脸蛋上抹着白粉,一副天真烂漫、伶牙俐齿的可爱模样,引得信众忍不住地喜欢,总想着往"小罗汉"的口袋里塞糖果和花生,顺便摸摸他们的小脑袋瓜。有些求子的夫妇会专程赶来看"罗汉会"的演出,他们一边往"小罗汉"的口袋里塞满油枣、蛋糕、桂花糕等美食,一边邀请孩子们到自己卧室的床上翻几个筋斗,以此祈求生个像小罗汉一样有灵气的大胖小子!

别看武术好像就是"拳打脚踢",实际上这里面大有讲究。完整的"童家岭罗汉会"演出有一套完整的招式,好比戏剧拥有属于自己的"开端、进展、高潮、结局"。

李村长对"罗汉会"感情极深,他说——对于我们("童家岭罗汉会")来说,每年舜王庙会就是压轴大戏,我们准备的时间最长,也最用心。在过夜村落表演时,我们会让村里的戏班子先登台暖场,一般是敲"头场""二场"锣鼓。锣鼓声这么一打,台下观众很快就安静下来了,静静等待"罗汉们"登场。在正式"出招"前,我们有一个"朝拜"的礼节,十二名"小罗汉"在前,身穿红衣,十二名"大罗汉"在后,着黄衣,大家一字排开,毕恭毕敬地朝舜王菩萨方向行三跪九叩礼。

最先登场的是"小罗汉"。只见他们大喊一声,然后从戏台四个角落出发,连续翻着筋斗往前,有空心筋斗、软腰筋斗、大筋斗、倒挂、硬钟等,就像一个个轻盈的小精灵在空中盘旋。等大家都在中央站定,他们便开始依次编阵走队。戏台后端,两侧"小罗汉"们一对一对翻空心筋斗到舞台中央交叉立定,像是编篱笆,这是"编笆阵";台中两侧的"小罗汉"们同样一对一对翻空心筋斗至台前,按剪刀形排列立定,这叫"剪刀阵"。还有最复杂的"梅花阵",先是五名"小罗汉"翻空心筋斗至舞台中央,像梅花一样站立,接着有七名"小罗汉"翻筋斗到前面,将前五位围在中间,然后按照顺时针方向走动,并依次与中间"小罗汉"交换位置,但始终保持五角梅花的队形,因此而得名。"小罗汉"们生龙活虎、神采飞扬,他们的每一个筋斗,又妙又绝,总是能引起一阵阵喝彩"小高潮"。

第二回合是"大罗汉"真刀真枪的比拼。"大罗汉"手握各种神兵利器上场,有双剑、双锏、双戟、大刀、双刀、揉耙、尖叉、驼、铜柱、短柱、短棍、孙膑拐、月华拐、古拐、火流星、长枪、铛鞭、盾牌……仿佛是十八般武艺各显神通,无一不释放出惊人的力量。他们在舞台上翻飞腾挪,舞动着各种兵器,每一个动作都行云流水,令人眼花缭乱,惊叹不已!

待"大小罗汉"们都各自亮相后,第三回合便是大小合体——"叠罗汉"的绝活儿,这也是我们表演中最精彩的部分!别的地方我不清楚,但是就绍兴这一片,方圆百里内只有我们"童家岭罗汉会"才会这招"叠罗汉"。

"叠罗汉"也叫作"竖行牌"和"打桩",最底下一层叫"头桩",一般九到十人,第二层是"二桩",有六人,上面就是"三桩""四桩"等等,层越高人越少,最高可叠到"九桩",就是我们常说的"损九大人"。叠桩时,打桩者头、肩部都可以站人,"罗汉"们会根据吹打的节奏表演各种姿势，给乡亲们取个好彩头。比如"麒麟送子"这招，由两名"大罗汉"扮成麒麟，将七名"小罗汉"依次抛出，再由另一"大罗汉"接住，寓意多子多福；"好运莲莲"是指有四位"大罗汉"盘腿坐在舞台中央，肩上各坐一个小罗汉，四双手搭成十字形底座，一位"小罗汉"坐在"底座"上，随着鼓点，四位"大罗汉"开始逆时针方向绕圈，这时肩上的"小罗汉"向后一仰，宛如莲苞开放，吐露出中间一名"小罗汉"，十分形象；"黄鱼出洞"这招也很有趣，先由一名"大罗汉"翻空心筋斗跃上舞台，仰面斜躺在前台中央，双脚向上叉开，接着一名"小罗汉"翻空心筋斗跃上大罗汉脚上，双脚开叉站立，呈圆洞，之后其余"小罗汉"们一一翻空心筋斗到大罗汉身边，"大罗汉"顺势助力，膝下的"小罗汉"从圆洞中跃出，翻空心筋斗下，就像鱼跃龙门；还有"擂火餐"，一名"大罗汉"在舞台中央倒立，头与双手着地，作陀螺状旋转，像是古时"钻木取火"的样子；"套圈播米"要用到一张八仙桌，桌上摆一个竹圈、一堆米、一个畚斗，一名"小罗汉"翻筋斗，跃上桌子，将米和竹圈抛向空中，执起畚斗接米，同时身体穿过竹圈，最后仍落到八仙桌上；"配马"也富有表现力，常由两到五名"大罗汉"扮马和马夫，空手模拟作喂食、梳毛、洗脸、抚马等动作，接着一名"小罗汉"上场，立于马背上作骑马状，绕场三圈，最后翻空心筋斗下。

通常来讲，第三回合结束，"罗汉会"的演出也就接近尾声了。如果时间允许，"大小罗汉"还会配合表演"丢钟""地钟"和"硬钟"，就是大家分别朝不同方位翻筋斗，倒有一点老少同台较量的感觉。我简单说下"丢钟"吧。先是一名"大罗汉"翻空心筋斗上场，站舞台右侧，再是六名"小罗汉"翻空心筋斗上场，站舞台左侧，接着"小罗汉"们一一倒翻筋斗跃到"大罗汉"的大腿上站定，大罗汉双手捧住小罗汉的双足，往上一"丢"，"小罗汉"趁势翻筋斗跃到原地稳稳落下。

表演结束后，我们要向舜王"谢幕"。锣鼓声停下后，"罗汉会"全体面朝舜王大帝，"小罗汉"在前，"大罗汉"在后，行三跪九叩首之礼。

别看我说起来好像表演都是一带而过，很轻松欢快。但是要当"罗汉"学功夫，可要下决心吃苦功夫的。现在的孩子都说念书辛苦，天天哭着喊着不爱学习，要知道当"罗汉"徒弟那是得真流血真流汗。一般来说，"大罗汉"学艺要二到三年，要通过一种名为"察"的考试才算出师。"察"选在黑夜进行，每二人一组对打，拳对拳，武器对武器，武器不开快口，这样不会伤人，一招一式全凭听觉，胜者可晋升"罗汉"，败者则不行。这几年，"罗汉会"剩下的大多都是我们这些"老头子"了，村里的年轻人大多都外出打工了，对他们来说，学手艺不如多赚些钱，也耐不下性子十年磨一剑，要么没时间，要么没兴趣，还好有这香火不断的舜王庙会在，支撑着我们把这门老祖宗传下来的拳法坚持下去！

我们"罗汉会"的武功可不是绣花枕头，这可是真功夫！我是四四年（1944年）出生的，在我小时候村里就已经流传着一代宗师李明法的故事。传说当时从嵊州来了一位凶神恶煞的大盗，打算在童家岭这一带干些抢劫的勾当。不过，强盗早就听闻童家岭有个武艺高强的"大罗汉"李明法,于是,他决定先乔装去童家岭探探虚实。他一到童家岭就找到了正在劈竹篾的李师傅,二话不说,就抡起斧头就劈了下去。嘿,你猜怎么着?明法师傅仅用手中的竹篾刀轻轻一挡,就把这大盗震得虎口出血。强盗被吓得灰溜溜地逃走了,自那次之后,童家岭就再也没有出现过打劫偷盗的事情了。

"罗汉会"有自己的规矩,十分重视尊老、尊师、重义,保一方平安。每逢外出搭台巡演,装道具的"罗汉筐"必须由德高望重的有福之人来挑。"罗汉筐"是世代传下来的,随着时代流转,里面很多武器都散失了,只剩下这只"筐"和"驼",现存于我们村的李茂星家中。

2006年6月,童家岭罗汉会荣获认可,被列入绍兴市第一批非物质文化遗产名录。然而,尽管获得了这样的荣誉,但在现今的舜王庙会上,传统的"叠罗汉"表演已不见踪影。童家岭的"罗汉"们目前只能通过示范和讲述来传承这一艺术,实际上却无力再次完整地展演罗汉会,这一传统未能得到恢复。

采访后记:

"罗汉"是佛教里面"阿罗汉"的简称,传说是释迦牟尼得道弟子修证最高的果位,在达摩祖师把佛法引入中国后,它慢慢地被用来象征那些德高望重的僧侣。"罗汉拳"最早便是嵩山少林寺众僧强身健体的拳法,明清时期传入江浙一带,成为当地"武迷"们的热衷之选。

2. 拳棒会

在绍兴诸暨流传着一首"好"字歌谣:"花明泉人好拳头;赵家人好篮头;泉畈人好芋艿头;上京人好行头……"其中的"好拳头"实际上就是对当地"拳棒会"的赞誉。会稽山区一带自古便有习武之风,村民大多在农闲时都会练武防身,许多人都有"打拳棒"的武艺,农忙小练,家闲大练,逢年过节或迎神赛会时还会上头露两手。

舜王庙会的两支"拳棒会"除了巡会时展演,也承担着安保的任务,其中一支来自稽东镇黄壤坞村,一支来自稽东镇杨宅村。他们的打扮与"罗汉会"相似,头裹鲜艳红布,腰系红腰布,一身红马甲配黄布衣,下穿粗麻灯笼裤,俨然一副电视剧中"武林高手"的模样。

演出前,"拳棒会"以流星球开路,腾出一块空地。接着,团队中的武艺佼佼者便精神抖擞地站在场地中央,举起锋利的镗叉,仿佛在宣示着自己的地盘。若是有其他"会"也看中了这片空地,他们可以选择上前与这位武艺高强的"拳棒会"成员比试一番。倘若没人敢应战,或者挑战失败,那么这片空地便正式成为"拳棒会"的"武台"。

只听齐刷刷"铿"的一声脆响,"破四门"拉开了表演的序幕。所谓"破四门",就是手舞大刀,步走菱形四方,然后再分别攻击四个角。接着是"走阵",有一字长蛇阵、八卦阵、元宝阵、四角阵、团团阵等各式阵型,带给观众前所未有的视觉体验。在走阵的过程中,由一人手持令旗指挥,引领着武者们手持各种武器,穿梭转换于各种阵型之间，让人目不暇接。然后是"大操"，也就是各式拳法的"组合出击"——"双刀破木棍"是手舞双刀与手舞木棍的双方对打；"苗刀破沙船"是手拿苗刀和手拿船形盾牌单刀双方对打；"拉马拉扁"是拿两根棍棒对舞对打；"抗枪"是拿枪两人对打；"仰天机"是拿两块约0.3米长的木牌两人对打；"独拐"是一脚落地两人手拿拐棍对打，先两脚着地的输；"双杆枪"对打是拿两支长枪两人对打；"牛角枪对打"是两人手执牛角枪对打，牛角枪是枪头上有两个圆叉的枪；"虎头牌对打"是一手拿虎头牌、一手拿枪的两人对打；最后是"小操"，一手拿盾牌、一手拿单刀的五人，相互对打。若是赶上时间紧张，比如在"驻马"短暂停留时，"拳棒会"只会小露一手"小操"，又跟着大部队上路了。

"拳棒会"的拳法常由拳师传授，民众在农闲时加强训练。拳法的基本套路包括大港拳、小港拳、金雀拳等，而拳法的精髓是各式各样的武器，如双刀、大刀、长枪、双剑、镗、耙、棒、矛、锤、戟、鞭、拐、流星锤、虎头牌等，传说共有120种拳法呢！

即便同属"拳棒会"，黄壤坞村与杨宅村两会拳法各有不同。"黄壤坞村拳棒会"在"大操"时只有"苗刀破沙船""双刀破虎头牌""双刀破木棍"三种拳法，其中"双刀破虎头牌"与"虎头牌对打"看似名字很像，实际打法却截然不同：对打时一人手拿双刀，另一人左手拿虎头牌、右手拿短刀。相比于"杨宅村拳棒会"在"小操"时侧重单人对打，黄壤坞村可谓别出心裁，他们特地派出了十八位少年进行精彩的翻筋斗、打拳表演，以及阵法操练，与"大操"活动同步进行，使得现场热闹非凡，吸引了四面八方的观众们前来观看。

如今舜王庙会已见不到拳棒会精彩表演，但民众仍不忘石太婆创办杨宅"拳棒会"和杨家兄弟拳打地头蛇"何老虎"扬名诸暨枫桥镇的传说。

采访后记：

拳棒会，既是中华传统武术的缩影，更是中华传统文化的载体。拳师们身着鲜艳的红衣，手持各式武器，或单人独斗，或多人对打，场面激烈而震撼。他们的拳法精湛，招式独特，不仅展示了中华武术的博大精深，更传递了当地人民对武术的热爱与追求。

虽然随着时代的变迁，这些传统文化活动逐渐淡出了人们的视线，但我们期待这些传统文化活动能够焕发新的生机与活力。无论是在庙会上还是在日常生活中，我们都希望能够看到更多的人参与其中，共同传承和发扬这些独特而珍贵的文化遗产。

3. 扁镗会

"扁镗会"使用的"扁镗"，便是这古代赫赫有名的"镗"家族中流传至今的民间武器，上端有三个扁形锋刃，中间为双刃正锋，向上弯翘。它的形态各异，形似弯月，或呈"山"字形，其中的正锋与两侧锋刃既有平行的，也有略长一尺的设计。"扁镗"刀锋如芒，杀伤力强，最早时，会稽山区的百姓用其来防御山上的野兽，后来慢慢演变出一套自创的"戏扁镗"招式，既能够展示自己的武艺，又具有超高的观赏性，真是妙极了！

旧时舜王庙会有七支"扁镋会"，每支扁镋会由36人或18人青壮年男子组成。菩萨巡会时，装扮一新的"扁镋会"手举着熠熠生辉的"扁镋"行走在浩浩荡荡的表演队伍中，通常会在舜王神像"过夜"村庄里进行精彩的展演。"扁镋手"们身姿矫健，或是脚踢，或是对抛，或是上抛，那锋利的扁镋被他们灵活地控制着，靠着手臂或背，他们稳稳地接住，随后在他们的身体上滚动变化，展现出令人叹为观止的技艺。在铿锵有力的锣鼓声中，两位表演者开始了激烈的对打，两位表演者组成一个完美的双人组，四人表演者则组成了一个默契的四人组，他们在舞场上穿梭走动，紧张而有序。排山倒海的锣鼓声充分渲染着现场的紧张气氛，让观众沉浸在这场精彩绝伦的表演中。有时表演得不够尽兴，"扁镋会"便会在舜王神像"入庙"结束巡会后，在双江溪舜王庙对面的沙滩上搭台继续，成为庙会期间一道不可或缺的风景线。

如今的舜王巡会仍能"扁镋会"，但"戏扁镋"只能留存于民众的记忆中了。

采访后记：

"镋"是我国古代冷兵器之一，属长重兵器中的一员"大将"。相比于刀剑这些"元老"，它的诞生时间较晚，在隋唐时期才出现，清朝末年时才成为官用战斗兵器。在众多中规中矩的兵器中，"镋"的外形就是个"显眼包"，像极了一个立在长枪上的"超大号叉子"，威武中又透着一丝可爱。明末小说《隋唐演义》中有位"天下第一横勇无敌"的隋朝天宝大将军宇文成都，就手持一杆重达四百斤的"凤翅镏金镗"，威风十足。

4. 镗叉会

都有个"镗"字，"镗叉"和上文中的"扁镗"确实"本是同根生"，但还是有些不同："镗叉"的"山"字形呈圆锥形，刀法讲究"刺"精准狠；"扁镗"的"山"字形则是三片锋利刀刃。

作为当地家家户户都有的工具，"镗叉"并不是"镗叉会"的专属，"白神会"跳无常的小戏里，就常有几个小鬼摆弄着锡纸做的"镗叉"表演。我从前跟随父亲拜访王坛镇桃花湾村的孙阿兴老人，他绘声绘色描述村里"镗叉会"的场景仿佛还在眼前：

"巡会时的'镗叉会'表演程式也叫作'戏镗叉'，安全起见用的都是未开刃的'镗叉'。表演时，武者们手握'镗叉'，排成梅花阵的队形各就各位，等锣鼓一响，便在手中'戏'弄起来。大家先是将镗叉抛到左手腕上，提起左手臂，滚至左肩，上身使劲后仰，借力将镗叉滚至右肩，右臂下垂，使镗叉继续下滚至右手手掌。接着再从右手手掌到右肩，到左肩，到左手掌。这中间穿插着不少花式表演，包括对打、对抛、后抛、翻筋斗抛等。有时还会用上'小镗叉'，上面装着两枚铜钱，表演时四人一组站定，互相抛掷'小镗叉'，两枚铜钱相互撞击发出悦耳的声音，孩子们喜欢得移不开眼！"

如今的舜王巡会已看不到镗叉会。

采访后记：

镗叉，这一古老而独特的武器，承载着深厚的历史和文化内涵。在曾经的舜王庙会中，镗叉会以其精湛的表演和独特的魅力，成为庙会上一道亮丽的风景线。武者们手持镗叉，通过巧妙的技巧和精准的力道，展示出了镗叉的独特魅力。他们的表演不仅令人惊叹，更是对传统文化的传承和弘扬。

5. 私盐会

历史总是充满了神奇色彩，它携带着无数故事缓缓前行。在我国历史上，"私盐"一直是一个神秘而低调的存在。尽管我查阅了大量资料，但并未找到关于"私盐"最早出现的具体时间和地点的明确记载。唯一可以确定的是，西汉开始实行"食盐官卖，严禁私煮"的政策，从那时起，"盐"开始有了官盐和私盐之分。这至少表明，"私盐"的出现与官府对盐利的垄断有关，是政府不合理的食盐专卖制度的直接结果。

在明清时期，盐的分配权被官府牢牢控制，而官盐常常供不应求且价格昂贵。在旧社会严苛的官盐制度下，为了生存，绍兴南部会稽山区九里斜村秘密组织贩卖私盐的"私盐班"，前往余姚挑运"私盐"。组长会挑选几名武艺高强的保镖全程护送，还会特别训练一些机智灵活的人担任侦查任务，他们被称为"探子"。探子们手持盐叉在队伍前方一二里处侦查，一旦发现匪贼或官府人员，就立即发出警报，后面的队伍听到信号后会迅速分散躲藏，盐叉成了他们保护私盐挑运的重要预警工具。

"私盐叉"与农村里常见的镗叉其实长得差不多，叉头的顶端有三个分叉，其中一个分叉扁平圆头、另一个分叉呈圆形包聚于顶点，两侧分叉弯曲，与镗叉不同的是，叉子的中轴串起了一对小型铁镲。当"私盐叉"翻滚、抖动时，铁镲碰撞到轴上会发出响亮、尖锐又奇特的声音，即使是一二里外也能清晰地听到。叉的下端是木质把柄，通常会使用坚韧的优质上等木料制作，以确保抛甩时的稳定。

"私盐叉"并没有统一的规格，它们的大小和长短都不尽相同，形态更是各异，只要用着顺手就行，但对使用者的要求很高。我们有句老话"一份武艺卖分细，十分武艺抛私盐"，讲的就是这私盐难抛，对手法、技巧、力道都有讲究。因此，农闲的时候到村上一看，几乎空旷处都能看到人们在捣鼓盐叉。有的是在反复练习抛、甩、接这三个基本动作；有的为了加强训练效果，特意把种地用的"箩"倒扣在地上，人就踩在箩底上练盐叉。虽然都是土生土长的农民，也没学什么武林秘籍，但这抛私盐的功夫和练武是一样的，重在一个"稳"字。马步要扎得"稳"、上抛弧线要"稳"、接住盐叉时还是"稳"。我简单形容下这抛盐叉的动作，这样大家想象起来会更有画面感：起抛盐叉时，双脚稍稍分开，双手紧握叉柄，顺势弯腰，用力将盐叉甩出，让它像一条优美的弧线穿过胯下、前方、头顶，最后划过一条切线飞出去。当盐叉落下时，单手接住，得接住咯，要是没接牢，盐叉落地，那就算是"出洋相"了。抛出的高度有低至三五米，也有高至二三十米的，要求抛得高、响得远。抛出的起点与落地的终点也常常不重叠，那些艺高人胆大的人甚至可以边走边抛。所以可别小看这土生土长的"私盐班",这可谓卧虎藏龙!

讲完这"平凡中有不凡"的私盐叉,再回到热闹的巡会现场。民众们统一着青衫、白衫两色,整洁服装,青衫、白衫两种颜色的人数相仿,分别代表官府和百姓两个阵营。在队伍的最前端,两位持刀手如猛虎下山,威猛矫健,手握大刀,以无畏的气势开路。他们目光坚定,眉宇间充满了决心,仿佛任何困难都无法阻挡他们前进的步伐。他们的存在就如同队伍的坚固盾牌,为后续部队扫清一切障碍。行进时,若是遇到挡路的树枝,刀手们便立刻展现出他们的英勇和果决,手起刀落,树枝被利落地斩断。那份洒脱和自信让路人们无不为之侧目,心中的敬仰更是不言而喻。

紧随其后的是两位天真活泼的"小私盐",一对眉清目秀的男童,年龄不超十五岁,模样招人喜爱。两人头上均戴着用宽白布片做成的一个饰帽,帽檐两侧各做成一个弯弯向上的小角,象征着坚毅与希望。肩挑一根小孩子身高差不多长的短棍,两头各挂一只竹盐篮,晃晃悠悠地走在队伍前,步伐沉重却笑容满面,寓意着贩私盐的辛劳。在丰收年景里,村里也会把"小私盐"精心打扮成手持尚方宝剑的太子,坐在花团锦簇的轿子上,由两位壮汉抬着走,仿佛太平盛世时太子出游的生动再现,充满了欢声笑语和喜气氛围。

"小私盐"身边围绕着四位手持短棍的老手,是孩子的"贴身侍卫"。四位武士年轻力壮,身手敏捷,分列两侧,形影不离,随时挺身而出,誓死护卫"小私盐"。最后是大批"私盐班"成员及恭迎菩萨的信众,说"全村出动"那是一点不夸张。有些年轻小伙会跟着"私盐班"耍私盐叉，大多数人就跟在大部队后头虔诚地念经祈祷，恭迎舜王。

在巡会时，沿途两侧旌旗猎猎、喜气洋洋，当听到那急促而又响亮的"嘟嘟"声传来，人们便会激动地奔走相告："私盐会来啦！"远远望去，就能看到"私盐会"的成员们精神焕发地向前推进，与其他"武会"始终保持统一的方阵队列行进方式不同，我们推崇的就是挥洒个性，成员们并不刻意组成方阵，而是自如行走，维持适度的距离，尽显洒脱与自由。许多成员会边行进边抛叉，虽然每个人手中的"私盐叉"大小不一，抛出的高度也有所不同，但就是这没有统一节奏的"合作"，竟然也别有一番风味！有时候，一个盐叉刚刚抛出去，另一个人才接住，而第三个盐叉已经开始下落，就像你方唱罢我登台的表演，空中盐叉翻腾、穿梭，铮铮作响，声声入耳，场面热闹非凡。

当菩萨的巡游抵达摆阵场时，观众们会自动围成一个大圈，变身为一个大型露天表演的场地。在阵阵威风的锣鼓声中，两名"持刀手"在场两侧炫技耍刀，他们的刀法时而转身、下腰、背后抽刀，时而前踹、侧闪猛砍，让人目不暇接。接着，他们会上场与对手展开一场精彩的打斗，腾跃、躲闪、拳脚相交，刀光剑影，让人眼花缭乱。与此同时，四位"老手"分别站在四个角落，象征着踏遍四角，相互对走，播撒着浓厚的历史文化气息。

采访后记：

时光荏苒，岁月如梭。尽管如今已难以见到私盐会曾经的精彩表演，但那份对传统文化的热爱与传承，依然深植于人们的心中。每当提及私盐叉，老一辈人眼中总会闪烁着兴奋与怀念的光芒。他们回忆起那些年少时的欢笑与汗水，仿佛又回到了那个激情四溢的年代。虽然现在的年轻人对私盐叉的了解已经不多，但那份对传统文化的敬仰与传承，却从未改变。

第五章
开设庙市，喜庆丰收

一、庙外设摊，农副交易

> 河滩摊贩争热闹，
> 舜庙庙会人潮涌。
> 货物琳琅满目陈，
> 交易声中笑语浓。

我记忆中的舜王庙会，是王坛镇上一年一度的盛会。熙熙攘攘的人群沿着小舜江两岸簇拥而行，江上风景如画、碧波荡漾，江岸商客如织、欣欣向荣，随着江水徐徐展开一幅和谐美好的画卷。热闹的人群中，能看到叫卖的小贩、问路的行人、传道的僧侣、虔诚的香客。男女老少汇聚于此，千年文化传承不断。

如果说舜王庙市是属于庙会的一大"亮点"，那么这抹亮色的点睛离不开南来北往聚集于此的商贩，他们让原本古朴的庙宇变得充满人间烟火气。小舜江作为绍兴南部会稽山区的主要交通线，承担着当地出产的茶叶、柿子、板栗、水稻等作物的外销。舜王庙所处的两溪汇合处是唯一的两大"港口",也自然成为各地商贾买卖运货的必经之地。这样的"商业优势"为舜王庙市的形成提供了便利,这场颇具舜王特色的集市在商贩间口耳相传,竟成为一种约定俗成的商业习惯。

旧时的舜王庙市,以双江溪舜王庙南侧的河滩为据点,小贩们早早搭起临时布棚或席棚,天气凉爽时,有的直接露天营业,更有小贩干脆背起箩筐穿梭在会场人群中,边走边卖,随时营业。如今想来这幅场景,倒是与现在的"地摊经济"不谋而合,实在有趣。庙市正是丰收季后的农闲时节,且顾客以会稽山区百姓为主,所以小贩会迎合当地喜好兜售时令农产品与生活必需品,货物的数量、品种都比平常集市多出数倍,选品丰富且价廉物美,很受民众欢迎。

走进商贩的"小铺子",洋溢着满当当的丰收喜悦。来自会稽山区各地的特色农副产品争先恐后地展示着,诸暨香榧、嵊州榨面、新昌京生、柯桥大米、阳春年糕、杜黄麻糍等琳琅满目。这些农副产品都是当地农民用心种植、精心加工的美食佳品,质量上乘,价格公道。也有当地的信众会提前自制手工特产,在庙市上"开场"售卖。

每年农历九月,正值江南地区柿子丰收的季节,所以庙市上到处都是卖柿子的摊位,大家打趣称庙市为"柿子会"。各式各样的柿子令人眼花缭乱,这片阳光下闪闪发光的橘红海洋,既是丰收的象征,更是农民智慧的结晶!游客们一边参观,一边品尝着这些美食，共享这丰收的果实，也更深刻地感受到了当地的风土人情和传统文化。

庙市还专设了文具摊、脂粉摊与退衣摊。文具摊上罗列着湖州的毛笔摊，安徽的墨摊，也相应摆着毛边纸、宣纸、方格本等，这是读书人最喜欢的地方。

在人头攒动的庙市里，可以看到小吃摊主们忙前忙后的身影。他们的手法娴熟，通过精湛的烹饪技艺，精心制作出各种地道的美食佳肴，凭借其独特的风味、精湛的工艺和丰富的历史背景，成为绍兴文化的璀璨星辰。这不仅是一个集市，更是绍兴南部会稽山区农耕文化与地域文化的集中展示，让人们更加深刻地了解和认识舜王信仰和越地民俗。

舜王庙市从未中断，即使在20世纪五六十年代以后相当长的舜王座会、巡会停摆期间，庙市依旧被保留了下来，每年农历九月廿七日，供销社仍旧会依照旧时的习俗，汇聚于双江溪舜王庙，进行物资的交流。只是参与的主角，从普通行脚的商贩，变成了各地有组织的供销社。

20世纪80年代以后，在全国各地"文化搭台、经济唱戏"的浪潮下，舜王庙会作为当地独特的文化资源被挖掘出来。2000年，首届"绍兴舜越文化节暨农特产品交易会"在双江溪舜王庙举办，由王坛镇人民政府主办，绍兴县文保所、绍兴县农副产品产销服务公司协办。2001年活动的主题被确定为"观赏舜江风光，挖掘舜越文化，展示山区特色，振兴王坛经济"。这是一次在当时十分普遍的经贸推介会，主办者的意愿是为新时期的文化活动注入传统资源,在政府的领导下,为地方旅游、经济事业服务。

到了 2023 年的舜王庙会期间,来自全国各地的摊贩,数量多达五百多个,摊位沿着双江溪舜王庙外车路两边绵延四五公里。所有摊贩统一支起了布棚并挂上了自己的招牌。

为了推广本地的农副产品,王坛镇政府特别组织并设立了专卖区。同时,附近的农民也抓住了这一商机,将自己种植和生产的农副产品带到庙会上进行交易,进一步丰富了庙会的商品种类。

采访后记:

"熙熙攘攘人如云,舜王庙市闹似春。舜王子民一堂聚,舜德孝悌此相寻。"舜王庙市,一场因千古舜王信仰而集结的盛大庆典,不仅展现了江南越州的独特风貌与人文气息,更是对舜王大帝的庄重朝拜与深情缅怀。

二、小吃飘香,嘴吃手拿

> 舜王庙市烟火气,
> 香气袅袅人潮聚。
> 手中美食赞不绝,
> 笑语盈盈话家常。

旧时绍兴南部会稽山区的村民们,过着以农耕为主的生活,很少有机会去城里的庙市赶集,但是当小吃摊位呈现在他们面前时,心中的期待和喜悦油然而生。在这些城里的小吃摊位上，不乏一些口味独特、制作精良的点心，在平常日子里，它们可谓是山间村民们的一种奢侈享受。

不过，绍兴城里人来开的馄饨摊、包子摊，一般农民是无福享受的，去吃的都是财主，家境宽裕一点儿的，也会买上一两碗馄饨、几个肉包等小吃，给孩子们解解馋。农民不常买橘子，但黄岩蜜橘摊上的香泡却很受欢迎，农民把香泡买回去放在灶神前，烘干，有客人来，掰一片放在茶里作为香料。如今，在这熙熙攘攘的庙市里，人们也可以享受美味的小吃，度过愉快时光。

最吸引眼球的莫过于"臭名远扬，一尝倾心"的绍兴臭豆腐，金黄的色泽、酥软的质地、独特的"臭"味，令人捉摸不透，又回味无穷。绍兴臭豆腐在各地都广受欢迎，当地流传着这样一句话："臭豆腐，臭豆腐，闻之臭，食之香。"初尝一口，便能发现与外表"反差"极大的细腻口感，犹如愈酿愈醇厚的老酒。"臭卤"是这道名小吃的灵魂，听当地老人介绍，炸豆腐前要将发酵过程中的豆腐放入臭卤之中浸泡数日，这样的豆腐才"入味又正宗"。在庙市上，炸豆腐的小贩把被卤水泡得黑乎乎的豆腐块刚放入滚烫的油锅里，那种令人难以形容的"香飘万里"的气息立刻就破云而出。有趣的是，在一边耐心等候的顾客们不但没有被冲天的"香气"吓跑，反而像闻到了鱼腥的小猫一样，兴奋地围在一起。当食客们小心翼翼地把炸得外酥里嫩的臭豆腐放进嘴里，那源自臭卤的独特滋味便随着咀嚼的节奏悄无声息地渗透到唇齿与味蕾之中，让人久久难以忘怀。

臭豆腐的"余香"还未散去，一股独特而悠远的香气扑鼻而来。当地有句老话："好吃茴香豆，嚼嚼韧纠纠，要用谦豫、同兴好酱油。"讲的就是鲁迅笔下的"孔乙己"最爱的零嘴儿——绍兴茴香豆。绍兴茴香豆的外形和今天超市里卖的"炒干货"相差无几，但与炒货多是高温爆炒而成不同，茴香豆的"回味"关键便在"文火慢煮"这一步。绍兴茴香豆的制作需要耐心，还需要精准的把控。只有用文火慢煮，才能让茴香豆的豆肉达到熟而不腐、软而不烂的完美状态。这时，咀嚼起来会感觉满口生津，五香馥郁，咸中透鲜，回味微甘，给人一种酥软新鲜的感觉。这种独特的口感和回味，让茴香豆成为许多人心中的美食记忆，甚至成为绍兴的一种文化符号。

小笼包、榨面、炒年糕、糟货……这一个个光听就让人垂涎欲滴的名字，可都是会稽山区著名的"小吃之都——嵊州"的金字招牌，自然也是庙市上的"香饽饽"。嵊州的美食文化可谓源远流长，承载着当地人民的深厚智慧和辛勤付出。尤其是我的心头好嵊州小笼包，皮薄馅大，汤汁浓郁，一口下去是让人心满意足，最让人意想不到的是，小小包子的由来竟然还有一段历史典故。据清道光《嵊县志》记载："甑山，在县北十里，传大禹遗迹，俗呼石蒸笼，亦名甑石，其地有禹妃祠。"大禹在剡溪的治水事业取得了成功，他的妻子禹后在附近的甑山上蒸馒头，以满足大禹的日常饮食需求。她还将这些馒头奉献给神灵，祈求治水事业的圆满成功。就这样，那些散落在甑山与剡水之间的馒头经过岁月的洗礼，被人们亲切地称为"石馒头"，并受此启发，用面粉做成了小笼包，成为民间美食。

采访后记：

  民以食为天，每一道小吃都蕴含着一段历史故事，每一份味道都承载着一份情感记忆。舜王庙市上，人间烟火气息环绕其中，这里不仅提供了丰富美味的小吃，还传递着家乡的历史与文化内涵，让会稽山区的民众在品味美食的同时感受到温暖与自豪，成为人们对故乡最深刻的记忆，使人们对家乡的文化有更深的了解和认识。

三、家庭物资，集中采买

> 舜王庙市物资丰，
> 家庭所需一站购。
> 热闹非凡人潮涌，
> 笑颜采买乐融融。

  对于会稽山区的当地百姓而言，舜王庙会的吸引力就在一个"逛"字。农历九月底逛庙会时，庄稼已收，香客们口袋里正好有几个钱。带着这种闲适心态，他们暂时远离日常农耕的辛劳，沉浸在喜庆氛围之中，更享受着如闲云野鹤般的舒适安逸，让他们在忙碌的生活中找到一丝丝的放松。或许就是因为这种"松弛"的心态，使得平常省吃俭用的百姓也愿意在庙市上"扫货"，不想错过这一年一度的购物机会，争相前往。在庙市上，他们常常趁此机会放松休闲，为全家添置一些生产与生活用品，以备足来年之需。舜王庙市的氛围，总能让人感受到别样的喜庆。

首先是生产用品，它们极具鱼米之乡的农耕特色，不仅满足了农民的日常生产需要，也成了农耕生活的一部分，象征着乡村生活的质朴与坚韧。这些生产用品不仅是劳动工具，更是这片土地的历史、文化和生活的独特表达。

比如，木农具的把柄、犁、木锨、木笵、风箱、桌、椅、板凳等；铁器农具、日用器物，如镢头、锄头、铁铲、瓦刀、木匠工具、门环、门扣、担杖钩子等；各种条编、草编生产用具和生活用具；新制成的大车、小车……虽然这些工具平常在市场上也能买到，但"大满贯"却仅舜王庙市独有，实属难得。

各类盛具也是河滩上的"爆款"，以缸甏、陶瓷器为最多。绍兴有句俗谚："平水岳庙六月十九箩箪会，双江溪舜王庙九月廿七缸甏会。"这讲的就是旧时庙市上缸甏、陶器等琳琅满目、数不胜数。农民只能在庙会期间的"缸甏会"上才能买得到。绍兴家家户户都有腌制咸菜、梅干菜的习惯，也爱自制土白酒和黄酒，这些都少不了缸缸甏甏。如此一来，庙市上的各种缸甏变成了香饽饽。连诸暨人也会抬几只缸甏回家。现在年轻人经常利用"双11"和"6·18"购物节"囤货"，当时的会稽百姓是利用庙市"囤甏"。庙市上的陶瓷制品主要来自上虞。听当地人说，从前也有从江西运来的陶器，不知是对本土制造的偏爱，还是受老话"江西人卖夜壶（绍兴土话"夜壶"特指夜里用的尿壶），好得张嘴巴（绍兴土话发音 pú）"的影响，当地天然地排斥外来的商品，慢慢地，从江西来的缸鲞船只也越来越少了。

在舜王庙市上,生活用品区汇集了来自各地的特产,不仅展现了浓厚的江南地域特色,还蕴含着丰富的文化底蕴。这些特产的设计和制造工艺体现了江浙人民的匠心独运和巧思,凝聚了他们世代相传的技艺与智慧。每一件生活用品都仿佛散发着独特的光芒,不仅满足了日常使用的需求,更让人在使用过程中深刻感受到会稽地区的风土人情和丰富的民间习俗。这些物品不仅是生活用品,更是文化的载体,让人在使用中领略到江南地区的历史与文化魅力。

最受欢迎的有东阳的木勺、永康的铁厨具和余姚的大布。大布在当地也称作"土布",名字虽土,质地却格外结实,特别得到农民的青睐。当时市面上也能够买到由细线纺织而成的洋布,比如士林洋布,但这种布料软、难打理、不经洗,即使是有钱人家,也只有在做客或春节时才会偶尔穿上。

退衣摊很受欢迎。产棉区余姚、慈溪人带来的那些半新旧衣服,地主富农、财主太太们不会去光顾,对山区的贫苦农民来说,却很实用。退衣摊里的半新旧衣服常由余姚、慈溪等产棉区的小贩来卖。

脂粉摊前总是围着一大圈妇人,主要供应胭脂、水粉、红绿丝线、发夹、顶针、针、洋棉纱线等,当地山区妇女难得上街,门口的货郎担虽然也有这些东西,但常常货色不好,价格偏贵,所以在庙会期间,大家便会货比三家,配足一年之需。

如今当地民众的日常生活生产用品已不需要靠庙市"囤货",但仍习惯在庙市采购农用工具。

采访后记：

在舜王庙会上，家庭物资的集中采买成为一道独特的风景线。这种传统习俗不仅体现了当地民众的生活方式和消费观念，也展现了他们对物质生活的独特理解和追求。从生产用品到生活用品，从实用的农具到精美的手工艺品，庙市上的商品琳琅满目，应有尽有。这些商品不仅满足了人们的日常需求，更成为他们生活中的一部分，承载着他们的记忆和情感。

在采访过程中，我深深感受到了当地民众对庙会的热爱和期待。他们希望通过庙会这个平台，能够感受到家乡的文化和历史，也希望通过这种方式，让更多的人了解和关注会稽山区的独特魅力。

四、会货展演，精彩纷呈

舜王庙会人潮涌，
货表演出技艺精。
精彩纷呈夺眼目，
欢声笑语乐悠悠。

市集，作为人类社会最早的商业形式之一，将本土民俗的无形韵味具象化，转化为可逛、可视、可听的有形活动。它如同一方水土的文化缩影，充满了活力与浓厚的生活气息。

在这个分享与展示的平台上,人气至关重要。要吸引人们的目光,不仅需要商品本身的物美价廉,即所谓的"硬实力",还需要依靠传统手艺的独具匠心和杂技表演的精彩纷呈,构成了吸引人的"软实力"。

舜王庙市,作为中国古代传统庙会的代表,不仅是一个商品交易的场所,更是各地手艺人展示绝活和魅力的重要舞台。在这里,手艺人凭借精湛的技艺,创造出各种令人赞叹的民间工艺品,吸引众多游客的目光。杂技演员们则以高超的技艺和惊险的表演,为庙会增添了欢乐与惊喜。在这片繁华的庙会中,笑声此起彼伏,千年的烟火气息在这里得到了体现和传承。

先说说摊贩的展演,真是"卧虎藏龙",不得不感叹"高手在民间"。

为了吸引顾客,有些小贩在摊位前展现自己的"绝技"。比如,这位卖梨膏糖的挑货郎站在凳子上,手拿小锣,边敲边念,嘴里的串词朗朗上口,还配合小锣形成生动的调子。难怪大家说,买的不是"梨膏糖",而是付费听了段小调。

围观人数最多的,当属"大力士"现摔见效的杂技表演。为了证明自己卖的武膏药真能根治跌打损伤,"大力士"一日三次"胸口碎大石","实力"展示膏药的神奇疗效。当然,这种兜售方式在今天我们叫"诈骗",现场不论是"大力士"本人还是带头鼓掌的几位观众实际上都是商贩找的"托儿"。不过,这样的"假摔"在当地农民看来还是很"逼真",平日农作受点小伤是难免的,所以还是有不少农民会买几包膏药或伤药回去。

孩子们最喜欢吹糖人，捏面人、制泥人的摊子，不论是天上的星星还是可爱的小兔，几位手艺人用手指轻轻那么几笔画，就立刻活灵活现地呈现出来了。当时人气很高的是一个叫"一团和气"的泥人，其实是绍兴特有的贱民老嫚，青衣裙青背心，梳着称"朝前髻"的高髻，大家都说捏得像、捏得好！

除了商贩，庙市上还有专程赶来的表演团，这些来自绍兴各地的杂技表演艺人们，用精湛的技艺，为庙市增添别样风采。庙市上，各"会"相互联动、各司其职，为广大游人呈现出不一样的庙市体验，表演中的惊与奇、险与巧，惟妙惟肖！比如，十番会、白神会、游戏会等会上，有一些小戏表演，龙会、狮会、罗汉会、拳棒会、菜瓶会、碗会、高跷会等会上，人们会一展自己的杂技。值得一提的是，在九月廿七舜王庙会期间，"童家岭罗汉会"自始至终都在场，既在沙滩搭台秀艺，又担负着维持秩序的任务。

如今的庙市里仍可见"大力士"式展销摊位，但已不见巡会队伍的展演。

采访后记：

各种表演摊位和杂技团的存在，无疑为繁华的舜王庙会增添了更多的色彩和活力。这些手艺人和表演者，用他们的才华和技艺，为游客们带来了一场视觉和听觉的盛宴，也让我们更加深入地了解了当地的文化和历史。我深深感受到这些手工艺人和表演者的热情和执着。他们用自己的双手和汗水，带来了这些令人惊叹的作品和表演，也为我们传递了对传统文化的热爱和坚守。

五、非遗盛宴，时代之约

> 舜王庙会非遗宴，
> 古艺今传展新颜。
> 匠人巧手织梦寐，
> 文化盛宴醉心田。

新时代非遗保护任重道远，新时代"非遗集市"创意无限。如今，会稽山脚下的舜王庙会集市不仅如从前庙市般熙熙攘攘，还呈现出新生代的独特魅力。这里不再只是购物和展示的空间，非遗集市更成了传承非遗、展示非遗艺术及交流非遗传承人的综合平台。在这里，人们不仅能欣赏到独特的非遗表演，品尝到具有地方特色的非遗美食，还能购买各式各样的非遗手工艺品。这些活动和展览不仅使人们深入了解非遗的魅力，也为非遗传承者提供了一个展示和交流的契机。

非遗集市深度挖掘绍兴虞舜文化的底蕴，集非遗国潮、艺术文创、美食荟萃等多元文化要素，以沉浸式、体验式、一站式消费场景把文旅集市与国遗文化相融合，溯源文化根本，展现非遗本色，进一步激发文旅发展与城市活力。特色的戏曲展演、丰富的非遗推介、别致的展示展销、图文并茂的展览等系列活动，将一同为当地人与游客构建一个前所未有的平台，尽情体验并亲密接触绍兴富有特色的非遗文化。

2018年以来，柯桥区非物质文化保护中心一直组织非遗工艺品展示，设立非遗风华展区，周雅定的王星记扇，赵秀林的绍兴铜雕，茹园儿的圆木制作技艺，胡志刚的绍兴棕编，吴金荣的绍兴花雕，陈宝良的绍兴黄酒酿制技艺，彭忠义的安昌扯白糖技艺，胡仁祥的会稽藤杖制作技艺……这些富有传统美术元素和传统技艺色彩的非遗美食项目展销摊位吸引了大量人气，使得珍藏在老一辈记忆中、年轻人尚未熟知的非遗民俗表演，如实地、原汁原味地呈现出来，为这场充满地域特色的非遗集市增光添彩。

采访后记：

非遗集市不仅展示了绍兴丰富的虞舜非遗文化，还注入了新时代的创意和活力。这种传承与创新的结合，使得非遗文化更加生动、有趣，也更加贴近人们的生活。

在采访中，我听到了许多关于非遗文化传承的故事和心声。这些传承者用自己的双手和智慧，将非遗文化代代相传，为后人留下了宝贵的财富。他们的坚守和付出让我深感敬佩。

附录

原绍兴县文保所所长梁志明的口述

访谈时间：2018 年 8 月 24 日、9 月 18 日
访谈地点：柯桥镇季家台门（柯桥古镇开发建设办公室）
采 访 人：张钧德

我是梁志明，1949 年生，属牛。1977 年进入绍兴市文物管理委员会，参加过河姆渡遗址和龙泉青瓷窑址等的发掘考古，曾任绍兴县文保所所长。2013 年退休后受聘于柯桥古镇开发建设办公室。

大约是 1979 年上半年，同济大学古建筑专家陈从周教授来联系，说有几个日本客人要来绍兴看看舜王庙。说实话，刚得到这个消息时，我们内部的人谁也不晓得舜王庙在哪里。

当时舜王庙所在地叫越南区两溪乡，两溪又叫双江溪，就是从谷来而来的南溪和从稽东而来的北溪在此汇合，称小舜江，后来水库造起，就叫小舜江水库。

舜王庙当时被两溪中学占用，我一到两溪中学，发现大殿是学生宿舍，厢房是老师宿舍。舜王庙现在以木雕、砖雕和石雕著称，但当时的木雕和砖雕已被破坏得一塌糊涂，而且是"破四旧"时被有意破坏的，人物面部都被凿掉，没有一张完整的，石雕主要是大

殿的石廊柱，本来也要敲掉，有老师借口廊柱是承重的，敲掉屋要倒的，才用烂泥包起来了事，其实是这位老师珍惜文物，引导其他师生保护了这两件文物。

我们了解了大致情况后，觉得舜王庙确实不错，当年下半年就将它列入绍兴县文物保护单位。保护单位的牌是挂了，却既没有精力也没有财力去实施保护。当时列入财政计划的文物保护单位有大禹陵、兰亭、吕府等，后面等着的还有一大串，舜王庙根本排不上号。

1983年地区撤销，成立绍兴市，绍兴市、县分家。1984年绍兴县成立文物保护管理所，我调过去负责古建筑。当时像样的古建筑都被市里收去了，如兰亭、大禹陵，我们县文物保护管理所是新做人家，有多少家底就自己摸排，这样就先挑出王阳明墓、陈洪绶墓、徐锡麟故居、东安村戏台和舜王庙等。

对舜王庙进行维修首先要解决其使用权问题，我们跟县教委、两溪乡（王坛镇成立后则与王坛镇）协调，在各方积极配合下，学校将舜王庙腾出，由文保所接管。这个过程非常曲折，因为长期由民间地保、宗族管理的模式，一下转到由地方政府治理、职能部门使用，山里人一时不接受。我们接手后进一步发现：门外的大樟树已奄奄一息，戏台藻井已是空洞，庙中很多"牛腿"都没有了……这些空口无凭，但我有影集，当时拍了大量照片留作档案。

大樟树缺乏生机原来是因为根部有个白蚁窠，我们请来白蚁防治所专家整治，治理后大樟树来年就复活了。对于木雕和砖雕，全缺的只能用新做的补上去，部分被凿的我们先考证，传统古建筑木雕题材并不广，无非是戏曲小说故事，如《封神演义》《西游记》《水浒传》《三国演义》之类，再就是福禄寿禧、十二生肖、二十四孝、八仙过海之类，考证出来后，本着修旧如旧的原则，通过东阳文物部门请来木雕大师住在舜王庙里在原构件上精心修补。砖雕也是这样，当时找不到老砖，就一家家一块块收磨刀砖，再按尺寸割，先在破碎的地方镶嵌好再雕刻……就这样，我们完全抱着修古董的态度，虔诚地补、接、拼，舜王庙才大致恢复了原貌。对石构件，我们到各处收，如卫生院、学校、镇政府、村里，甚至人家屋里都不放过，这些，现在主要体现在大殿后檐的四个石拱门上。完成这些，我们请来著名雕塑专家曾成钢教授设计制作了舜王像和八大臣。说起舜王像，也勿忘记香港的陈丽贞女士，她原籍王坛，专门为舜王像重塑捐了十万元人民币。

说起钱，就要讲一讲经费，其实我们修缮舜王庙的经费是不足的，当时文保所一年十万元经费，全县47处文物保护单位，舜王庙有五万元，独占一半，但仍然不够，怎么办呢？我们就想到了吸纳社会力量，让乐善好施的里人认捐匾或联，并以在匾联上置名作回报。对于匾和联的内容，我认为应该用旧的，就访问当地老人，回忆并汇总统一，然后重做。也有老物件，如今大门上金碧辉煌的"舜王庙"匾就是真家伙，当时是在整理厢房时无意发现的，很旧了，就用它做底子翻了新。

我把特别有意义的几块匾额、对联内容记录如下：

沈定庵书，黄国庆捐助：德泽万世

朱春城书，杜促敏捐助：南风解愠

朱关田书，孙柏忠敬助：孝感动天

喻蘅书：被袗鼓琴恭己无为天下治，阜财解愠生民有道太平春

鲍贤伦书，孙江林敬助：高山仰止景行行止，卿云烂兮纠漫漫兮。

驾沧书，杜仲敏敬助：崇孝承天能射虎，奉贤垂统敢屠龙。

骆恒光书，孙柏忠助：询四岳辟四门明四目达四陪帝德从来钦广运，敕五典秩五礼修五刑弼五教神功自古仰时休。

当年前往王坛的交通并不像现在这般便利，乘坐公交车可以随时出行。那时候，我们所谓的农村长途班车，每天早晨只有两班车。上车地点位于城北桥汽车站，而我们单位位于鲁迅路，步行过去大约有七八里的距离。在当时，自行车还是一种稀缺资源，不敢在公共场合长时间停放。而且，去往山区的路上尘土飞扬，每次到达王坛都是满身灰尘。随着时间的推移，我们积累了乘车的经验，发现如果从车头走，路上多是石子路，灰尘较多；而选择从王化走，路况会好一些。因此，我们便专门选择乘坐王化的车。

在舜王庙工作了一年多的时间里，我撰写了多篇文章，包括《绍兴舜王庙建筑雕刻艺术及特色》《舜王庙建筑艺术及选址》《舜庙三绝》以及《舜庙文化和地方民俗风情》等。这些文章主要探讨了舜王庙的建筑艺术、雕刻技术和文化内涵等方面，大多数都发表

在《古建园林技术》杂志上。

王坛的舜王庙会有广泛的群众基础，但之前舜王庙名存实亡，庙会也就无从谈起。舜王庙于1989年修复后，四方百姓就赶拢来看，说"像来呔哉！"回去奔走相告，不需要动员号召，庙会就自发形成了。山脚下的商贸人山人海，每天不下万人，人们烧香、拜神、求签、看相，五花八门，把舜王庙围得水泄不通，局面有点难以控制。为维护秩序和治安，文保所、派出所人手不够，当地政府又组织数十人安保队加入进来，搞庙会，又一个问题出来了，一年365天文保所管362天，偏偏庙会的3天由王坛镇政府接管、收钱。1993年我任县文保所长，就找章生建副县长反映，章副县长支持我，帮我与王坛镇政府交涉，最后镇政府退出。但地方上也有为富不仁的，看到庙会这么兴旺，就纠集一帮地痞来闹，面对地头蛇，我们不好得罪，只能说好话，做工作。

2001年庙会前夕，王坛镇政府发起召开舜越文化研讨会，我也受邀帮忙，出面邀请了浙江大学、复旦大学、浙江省社会科学院等单位研究民俗学和地方史的学者与会。

2003年，绍兴县筹建县博物馆，我从此告别舜王庙。虽偶尔也陪客人去参观，那毕竟已成昨日往事，连管理人员也彼此不认识了。

舜陵传说地青桐湾村王家德的口述

访谈时间：2018 年 8 月 18 日 16：50
访谈地点：青桐湾村会稽山藏书楼一楼
采 访 人：王国权

我出生于柯桥区王坛镇的青桐湾村，这里在旧时被称作青桐府。在我读初中时，我所在的学校是两溪中学，它就是双江溪舜王庙改造的。

象马庙，亦写作像马庙，位于滕豪村对面象山下，紧邻水口庙。最初建于明朝正德年间，是祭祀土地菩萨的小庙，象马庙在原来的基础上得到过扩建。扩建后，为前后两进，并有左右厢房各五间。象马庙有三间正屋，中间供着舜的同父异母弟弟象，旁边供着象的夫人马氏。据说建起舜王庙后，人们为纪念舜的弟弟象，在舜王庙的西边建起这座庙宇。虞舜孝感动天，对同父异母的弟弟象视为同胞手足一样；同样象也非常尊重兄长虞舜。新中国成立后，象马庙被改办为王城完全小学达十年之久。改革开放后，腾豪村有识之士朱国灿、朱礼明出全资修复象马庙，恢复了清末的整体形象，现象马庙已成为绍兴县文保单位。

每年在祭完舜王大帝后，就要在此举行祭祀象王的活动。庙正殿的两根石柱上，题有两首依据老百姓的祭祀要求题写的对联。右边是本村姓朱的村民题写的，左边是蒋村姓金的村民题写的。对联的意思是：象的尊兄孝义为后世人树立了榜样。此事足显舜王孝顺父母、兄弟和睦，为人称颂。

在虹坟至趴虎岭间有一似大土堆之小山，无论家狗、野狗，行至此地都会狂吠而回，敬而退回。据老一辈传说，舜帝南巡，崩于王坛青桐湾——"苍梧"。"苍梧"的含意是"深青色、深绿色的梧桐树林"，是欣欣向荣的梧桐树林。青桐湾以梧桐树成片而出名，青桐即为（苍）。青桐湾古有九疑湾之称，说是因为连本地人也会迷路，故曰"九疑"。

《史记》舜崩后葬于苍梧之野，此地胜迹只是未被考证，发掘之故，而狗是灵性动物遇圣贤敬畏而退亦可理解。

令人称奇的趴虎岭（又称伏虎岭）山势走向犹如趴着的一只老虎（古代老虎被推崇为威武之势），此地风水格局有左青龙右白虎，前山为朱雀之势，后山为玄武之势，犹呈帝王陵之格局，四周又有九座小山包围，一看就是九疑之势，也吻合虞舜时期是虹坟的传说，世称"零陵"。

双江溪舜王庙庙祝张建新的口述

访谈时间：2018年3月1日、5月5日
访谈地点：柯桥区王坛镇肇湖村隘将庙
采 访 人：梁之骏

口述记录：

我叫张建新，男，今年58岁，王坛镇肇湖村人，双江溪舜王庙的管理人员，在庙内卖些经文、蜡烛、檀香给前来礼舜的香客。

我是2010年前后进舜王庙，我在双江溪舜王庙当庙祝初期，庙里可真是兴旺啊！我时常为前来礼拜舜王菩萨的香客求签经，详签解经文。

对舜王的称呼，伢当地的百姓是有三个称呼：一是舜王大帝；二是舜王菩萨；三是舜王老爷。那些知道点历史根底的，叫舜王大帝；一心来祈求保佑赐福的，叫舜王菩萨；仅在巡会中见过"清道校尉、八面锣鼓、执事仪仗"的浩荡队伍的，自然就联想到"做官大老爷"，所以也称舜王老爷。

每逢农历九月廿七前后脚跟，舜王庙内最热闹的是"宿山"。从九月廿四开始，到九月廿八，要持续五天的忙碌。念经的香客，来自绍兴、嵊县、上虞和诸暨枫桥一带，有时也有从上海、杭州赶过来的，多是五六十岁的中老年妇女。我们庙里不提供食物，但有个类似的"茶汤会"，专门负责给她（他）们烧开水。这些香客通常自带干粮，互相间分着吃，互相"结缘"。如以三天互动为例，香客在九月廿六就纷纷赶到庙里，围坐在圆桌旁念经。以单数落坐：七人、九人、十三人坐一桌。桌椅板凳由我们庙里提供。人数凑齐，就开始念经，念的主要是阿弥陀佛经、心经、地藏经、高皇经、寿生经。宿山念经的香客十分虔诚，她们认为在舜王菩萨面前念经可以增福增寿，一些香客在念经时，会套上"居士衫"，斜襟的、蓝色或咖啡色的长衫，以示恭敬。

念经时，用传递麦秆的方式计数。麦秆长约一划手（十二三厘米），一头留有少许麦穗子，香客们一边念一边传递，一圈传递完后，摆在一边，在黄纸点一个红点，作计数。再取一根，开始新的一轮，到傍晚，香客会把这一天念过千遍的麦秆串起来，扎成一捆，中间的留有二十几厘米长的麦头，在舜王菩萨面前焚化。

在舜王庙会期间，来进香的香客很多，甚至有远道而来的，从萧山、杭州、宁波、上海等地赶来。记得有一次，我还碰到一个来自福建省的香客。这些来进香的人，各有各的祈求目的，一般是求子、求财、求婚姻、求健康、去灾避祸保平安等。进香人会带一些祭品给庙里，多是香烛纸钱、糖糕水果等。若是愿望达成则来还愿，还愿的方式因人而异，以当时许愿的诺言为准则，有捐款的，有供五牲福礼的，有的则会扮"犯人"。

扮犯人并不仅仅限于还愿，也有来忏悔的。初扮犯人的，先向我们庙里讨要一张黄纸。——这时,不识字的和识字但不懂规矩的,都会喊我这个老师傅帮忙了,让我帮书写姓名、生辰八字、家庭住址、祈求何事等。然后盖上庙印,用黄布包起来绑在头上,腰围短裙,戴上木制或者纸制的镣铐,手持香烛,在舜王菩萨像面前虔诚地忏悔和许愿。在舜王出巡时,排列在队伍中间,称作"犯人会"。据说,这是一种逢凶化吉、遇难呈祥的解脱方法,很灵验的。

平时就有不少人前来烧香求签,每逢九月更是络绎不绝。舜王庙签经都是七律诗,共有一百首诗。老辈子人说,是清朝咸丰年间监生孙显廷召集附近一百名秀才编写的。经文典雅很有文采,内容多是劝人为善,宣扬孝道。庙内一百张签经中,上上签是二十二张,中上签是四十五张,中下签是二十三张,下下签是十张。中签的占了大多数。我还清楚地记得,第一签说的是舜王大帝登基的故事,是上上签。那辰光,我在庙里,在后殿东首有一排小柜,放着签经纸,香客求得竹签编号后,便根据签号前去自行提取,若有看不懂的地方,就找庙祝讲解,分文不收的,我只是让香客买些香烛和经文,香客们也很乐意。

说来也奇怪,我给香客解签经时,说话也斯斯文文,不带脏话,而且往往说到人家心里头。

可后来,柯桥区文保所出了新规,庙内禁止燃香点烛,也不允许解签经了。

采访后记:

张建新人长得瘦小,但十分健谈。他并不是我们预约的采访对象,当我们正在采访时,他见了就主动地过来插话,一开口就滔滔不绝,喧宾夺主,把原采访者也晾在一边。这一次采访一直在嬉笑愉悦、无拘无束的气氛中进行。到结束时,却是有几分的沉重和令人惋惜的滋味了。

省级代表性传承人董友忠的口述

访谈时间：2018年3月1日至5月5日
访谈地点：稽山宾馆、王坛舜越酒家、永兴旅馆
访谈人：梁之骏

我是董友忠，男，属猴，1944年出生，王坛镇湖墩村人。绍兴舜王庙会浙江省代表性传承人，绍兴市虞舜文化研究会副会长，是恢复舜王庙会的发起人和组织者之一。年轻时在舜王巡会中扮演戏曲人物走过高跷，曾踩着二米多高的高跷，在崎岖的山路上奔走，如履平地。

我的祖先是明朝进士董元治。三年前，我们董氏重修了家谱，我是董元治的第十七代玄孙。老祖宗董元治，王坛坎上村人，从小家境很穷，但他刻苦好学，山间田头劳作时，也总是带着书本，一有空闲，就埋头研读。他后来上京赶考，连中三元，官拜十三道江南督察御史。

还相传董元治回到故里，第一件事就是去朝拜舜王大帝，去还愿，因为它考前是许了愿的，他把皇帝赏赐他的全副执事行头献给了舜王大帝，在坎上村建立了执事会，并为该会买了会田。他还买

了学田，凡是坎上村的董姓子弟读书，一律免交学杂费。

老祖宗在临终前，再三向子孙反复交代，立下遗嘱：崇舜祀舜，在家尽孝，为国尽忠。三尺头上有舜灵，舜王大帝无时无刻都在你的头顶看，你做了好事舜王会保佑你，你做了坏事舜王会惩罚你，千万不可有侥幸心理！所以，我们这一带董姓的人，都是很淳朴忠厚的，这与老祖宗的谆谆教诲是分不开的。

采访后记：

谁知与董友忠老人这一别，是永别，我们再也见不到可敬的董友忠老人了。6月间，我打了电话，要想再次拜访他老人家，却是老董家属接的电话：他已走了，去见舜王大帝了。听了这个回答，我怔住了，半天也说不出一句话来，只是默默地放下手机。悲哉！

区级代表性传承人孙荣舫之子孙生明的口述

访谈时间：2018年8月1日至10月25日
访谈地点：湖墩村大舜庙、王坛镇中学
访谈人：梁之骏

我叫孙生明，今年61岁，属相为狗，文化程度为初中，来自柯桥区王坛镇湖墩村。他曾为舜王庙会的举办做出了贡献，参与了许多相关工作。我父亲年岁已高，今年90岁了，我就接替他为舜王做些事。从小，父亲就常给我讲述舜王庙会的各种故事，而在这些故事中，最让我难以忘怀的是关于十八胡子的传说。

村里有18档红龙，由18人舞。这18人，都身强力壮，练过武人称"十八胡子"。我们村在孙岙头社，每次舜王巡会，我们都排在前面。有一年，舜王出巡"起马"的吉时已到，而我们头社还未到达，司仪认为时辰已到，便不等了，高呼："起马！"舜王刚抬出山门，我们头社赶到了。"十八胡子"认为这是对头社的不尊重，一齐呐喊："我们把舜王菩萨抢回去，自己建个庙好了！"于是不顾一切地上前去抢舜王菩萨。别村的人也抢，混乱中十八胡子抢到了舜王的头。于是捧着舜王的头，回到村里，在湖墩建起了这个大舜庙。

现今,你们看到的大舜庙,建于好多年前。大舜庙有大殿、厢房、看楼和戏台。这里风景秀丽,环境也好。我们这一带的人,认为舜王大帝就住我们的大舜庙里。大舜庙香火旺盛,十分灵验。

塘里村抢了舜王神像的一双手,他们在塘里村建了舜王庙,现今被小舜江水库淹灭。

舜王神像的正身留在舜王山的舜王庙里,因此,农历九月廿七的巡会,还是以舜王山的舜王庙为起点。

舜王神像的内脏被诸暨枫桥人抢走,他们在枫桥建了个舜王庙。但诸暨枫桥的舜王庙建在哪里呢?至今尚在寻查和考证中。

王化村人也抢到一条腿,在王化村旁的覆船山下,也有了一个大舜庙。这庙已有多年的历史,庙下面是宋代奸相潘仁美的祖坟。传说,建此庙是为了破坏潘家的风水。

相传有个风水先生,他是杨老令公的好友,他测算到潘家要出大奸臣了,而且要谋王篡位,于是他不远千里赶到王化村,让王化村人在潘家祖坟上建个庙……这时正好有个村民抢来舜王神像的一条腿,就建个舜王庙,用惩恶镇邪的舜王菩萨,来镇住潘家奸臣的风水。

庙前有一座纱帽山,纱帽的耳朵是歪的,就是一副奸臣相。

在王化舜王庙附近不能演《杨家将》的戏文,否则,潘仁美的家族看到他们的对头杨家将,就会出来作祟。这是真的,早先戏班子的人也都知道有这一个规矩。

我们这儿还流传着湖墩十八胡子是舜王的贴身卫队的传说。传说湖墩十八胡子作为舜王的贴身卫队、心腹保镖,一起转世到湖墩村来,显然是为追随和护卫舜王大帝而来。

这十八胡子原是天上星宿下凡,来协助舜王治理天下的,他们个个身怀绝技,武艺高强,而且忠诚主子敢作敢为。

当年,尧传位于舜,不光是尧的儿子丹朱不满,要与舜争斗;而且还有四大恶势力(也称四大恶少)的存在。对舜来说,是身处险境,步步惊心,危机重重。

这"四大恶少"分别是:帝鸿氏的儿子"混沌"、少皞氏的儿子"穷奇"、颛顼氏的儿子"梼杌"、缙云氏的儿子"饕餮"。

这四大恶少在尧在位时,已发展成四大邪恶势力。尧用"画地为牢"的无为而治的方法,对四大恶少来说,显然不起任何作用了。尧的"让位",有很大的一个因素,是对这"四大恶少"的担忧,他急于选择一个能惩治四恶的接班人出来。

舜上任时,带上了自己家乡的湖墩十八胡子。用家乡人作为自己的卫队,这样,在采取非常行动时,不会事前走漏消息,可先发制人。

就在舜将在四门迎宾来贺的前二天夜里,舜带领十八胡子闯进了恶少混沌的窝点,宣布了:"将混沌放逐、迁移偏远地的决定。"混沌根本没防到突如其来的"决定",一下子傻眼了,没等混沌醒过神来,十八胡子一齐上前,把混沌及爪牙强行遣送到偏远地。

接着,用同样的方式,对付了另三个恶少。舜放逐了四个凶恶的家族,把它们迁移到偏远的四方。百官、百姓对舜帝的英明果断、执法如山都拍手称快,大家都说,没有凶人了,天下太平了。

采访后记：

第一次听说，湖墩十八胡子竟是舜王的贴身卫队，倒也稀奇！在采访中，关于舜的传说真的有"千万条"，尽管穿越了时空，跨越了年代，但我还是忠实把它记录下来。

湖墩舜王庙庙首董爱姑夫妻的口述

访谈时间：2019 年 6 月 25 日，2019 年 7 月 4 日

访谈地点：第一次在柯桥区王坛镇新建村九曲董钱江、董爱姑家，第二次在湖墩大舜庙

采 访 人：张钧德

董钱江口述：我是董钱江，男，1947 年生，属猪。我们夫妻俩生活中夫唱妇随，几十年来一直参与了舜王庙会的恢复和传承。

1994 年，我和老太婆等 9 个人挑头去嵊县塑了舜王行宫，第二年又在已改建为小学的大舜庙原址旁恢复庙。我大概在 1995 年吧，与董爱金、董东招、董友生、高阿苗、孙荣兴等 6 个人凑份子先后请了 3 个道士来教我们吹打，主要有梅花、嗐头、胡琴、锣鼓之类，6 个人学了有年把，目的是将来从事红白二事。后来听说乡村干部表示不允许，大家只得散掉。

1996 年绍兴县乡镇"撤扩并"后，我任九曲村村长。2003 年绍兴县乡镇再次进行"撤扩并"，我年纪也大了，就不再担任职务。

大概 1995 年或者 1996 年的时候，我们周边有人对"舜王庙会"跃跃欲试，后来就有人撺掇我来牵头。我呢，考虑到自己是干

部，不便出面，就推荐孙荣舫、董友忠，安排他俩一个管事，一个管钱。我对他们说，我支持的，但庙会的"闲账"勿管。后来，这二人都成了舜王庙会代表性传承人。

群众对舜王庙会活动的积极性本来就高，如今有了牵头人，还是村长"任命"的，大伙就更来劲了，事情越搞越大，比如村民们迫不及待要小学搬走以便恢复舜王庙，又私自砍树打算重建时派用场，妇女们还去嵊县请师傅塑舜王像，又敲锣打鼓迎回来，同时购置各种戏装扮演神仙鬼怪开始巡会了，像我老太婆就扮王母娘娘……这下书记坐不住了，担心镇上怪下来，表示要将舜王像敲掉，活动要禁止，我对他的话虽然心里不认同，但表面上还是要尊重的，就两边劝阻，最后以封掉大门作罢。大伙从小门出入，悄悄搞。

2003年起我不再担任村长，就参与舜王庙会了，归孙荣舫和董友忠指派，庙里庙外做些杂事，如给庙里接装自来水管等。

还有当时我们6个学吹打的，这时也加入了舜王庙会，只是名称不规范，一会叫"敲嘭会"，一会叫"锣鼓队"，一会又叫"忏师"，我们一直来都是义务参与的，2010年开始还到东浦参与酒仙庙会，也算是名声在外了吧。去年孙荣兴过世了，换了董祥林，还是6个人。

董爱姑口述：我是董爱姑，女，1948年生，属鼠。

老太公当村长的时候，那时3个儿子也没有自立门户，所以我不太有工夫出去，但村里发起舜王庙会的时候，我还是最初的9人之一。当时没有神像,我们就去嵊县崇仁做,巡会有八仙和王母娘娘以及其他鬼怪,旧庙新开,哪有什么行头(戏装)?我们又自己去嵊县黄泽买,唱的则是模仿鹦哥班的调头。经济状况要等到俞日霞老师把我们的舜王庙会归入"虞舜文化"大圈子后才改观。

我在舜王庙会八仙会中扮王母娘娘,这是个要能说会道的角色,对不同的人要说唱不同的词,一般开头是:"万年天子万年臣,五谷丰登保太平。风调雨顺民安乐,家家户户保康宁。"接下去,有的求平安,有的求发财,有的求升学,你要根据不同的需求作不同的祝福……去年开始,我带出了徒弟董荣珍登场,我歇落了。

湖墩舜王庙兴旺起来了,庙里收入也多了,因为管账的董友忠有省级代表性传承人的身份,孙荣舫年龄太大,绍兴市虞舜文化研究会领导有事都找他,董友忠去世后,大伙在我家来商量,我被大家推荐当了庙头头。

白洋湖舜王庙庙首沈樟荣的口述

访谈时间：2019年4月8日、4月29日

访谈地点：第一次嵊州谷来镇护国岭村白洋湖自然村沈樟荣家，第二次绍兴市文化旅游集团内

采 访 人：张钧德

我叫沈樟荣，男，1945年生，属鸡，白洋湖村人。1971年丧妻后有点逃荒性地去江西做管山人，期间在龙虎山老道士有过一段奇遇，从此由无神论者变为有神论者。但后又出家做了和尚（在家修行），法名释净荣。

我们村的白洋湖舜皇庙，也被称作白洋湖庙。据我查阅，在清朝康熙年间编纂的《嵊县志》中已有关于此庙的记载，这表明我们的舜皇庙至少有三百多年的历史了。后来分田到户，村里重新悄悄组织舜王庙事活动，我非常积极。到了1982年，因为我活动积极又有文化，就成了舜王庙的庙主。不过那个时候做庙主有很大的政治风险，不到一年我就被镇里的治保主任叫去，将我与小偷们关在一起办"学习班"，我很泰然，认为自己不偷不盗，一点没有抬头不起的感觉。学习班结束我回到庙里，发现神像也被敲掉了。我心

想塑像笨重，我可以用画像，跑到崇仁请画师绘了舜王、娥皇和女英的像，花了60元钱，那个时候这是笔巨款，为了防止被毁，我将画像东藏西掖。直到后来，菩萨可以重塑，我将三幅神像让工匠师傅塑进了像里头。

2014年，我加入了绍兴市虞舜文化研究会。现在年纪大了，力不从心了，活动也少参加了，我做协助宣传和分发工作。

白鹤庙庙首蔡彩娥的口述

访谈时间：2018 年 8 月 22 日、9 月 20 日

访谈地点：柯桥区王坛镇东村白鹤庙

采访整理：梁之骏

我叫蔡彩娥，今年已经 80 岁，属兔。我们东村的大多数居民都姓蔡，我们是明朝时期朝廷大官蔡天官的后代。在我小时候，家境相对富裕，因此有机会接受教育，读过私塾，能够识字和阅读经文。我还擅长为人解签，帮助人们解读签文的含义。至今，我已经负责管理白鹤庙长达二十六年。我愿意将我所见到的、听到的以及我仍能记得的事情，全部讲述给你们听。

听老人说，早先的白鹤庙是造在庙对面的山头上，那山头上还有原来的地基石条在。因年久失修，后人发起重建，把庙址迁到了这里。

走进庙来，你们也看到了吧——庙里供奉的白鹤大帝，传说是三国时代的孙权。孙权是吴国的国君，后人崇拜他，为他建庙，塑个神像纪念他。柱子上对联，是我们东村的晚清秀才蔡兴潮所题。

据说舜王巡会队伍刚到白鹤庙门前时，抬轿的就觉得肩头沉

了，走不动了。领头的差头哈欠连天，大喊："停轿，停轿，我要去拜见娘舅……"于是，差头代替舜王进香磕拜后，再回到巡会队伍中。抬轿的扛头轻了，锣鼓声又重新敲打起来，又浩浩荡荡的动身上路了。从此，每年巡会路过白鹤庙，必须进庙祭拜。

这事说来话长了：

相传舜的娘舅叫永兴，我们老百姓称永兴菩萨。永兴是个有神通的人，上知天文，下晓地理，是尧帝身边的智囊，也是尧的忠诚老友，他一直陪伴着尧帝身边，直到老死在尧廊。

尧到晚年，决定让位给舜。尧就派永兴协助舜去另觅一地，建个新都，让他安度晚年。永兴按舜的提议，他从舜的老家上虞上浦虹漾村出发，沿小舜江逆流而上，当来到尧廊时，见此地青山绿水，风水很好，东西又有文将山、武将山相对峙，东北有狮山与虎山的对峙，若耶溪从旁涓涓流过，似一条天然的护城河。觉得舜的提议很好，让尧在这里安度晚年是再好不过了。于是，就着手建造起来……因此，现今这个地方叫尧廊，其相邻的村子叫平阳。平阳，是与尧原来的都城名称相同。舜继位后，总是抽空来尧廊，拜见尧和陪伴尧的老友永兴。这时的尧和永兴兄弟相称。尧的二个女儿嫁给舜为妻，舜的妻子见了永兴叫舅，舜见了永兴自然要称"老娘舅"了。

永兴死后葬在尧廊，当地百姓为他建了在稽东镇塚斜村"永兴庙"祭祀。永兴庙的匾额"攀龙附凤"四字，是唐代著名书法大家虞世南所题（今保存在市文管所），可见当年对永兴的崇拜和敬仰。

永兴死后，又几次投胎转世来到人间，他有一次的转世，就是三国时期的孙权，所以说庙里供奉的白鹤大帝，也就是当年的永兴菩萨的化身！

舜是个有德之人，每路过白鹤庙，就不敢托大，总谦逊地喊停轿，前来拜见他的老娘舅永兴菩萨。

采访后记：

蔡彩娥鹤发童颜，口齿清晰，讲述几十年前的往事，颇有条理，记忆力好得惊人。用她自己的话说，全靠舜王大帝护佑，无病无痛活到今天。老太太一生念佛，说出来的话，常带有"轮回转世、因果报应"的佛经语言。笔者只是忠实记录，不敢妄加评说。

在采访过程中，我经常遇到一些令人困惑的"年代穿越"问题。例如，白鹤庙供奉的本应是三国时代的孙权，但当地的差头和百姓却坚称庙中供奉的是舜的娘舅。尽管我多次与陪同采访的孙阿兴副会长（绍兴市虞舜文化研究会的副会长）讨论此事，孙副会长也同样坚信："差头能够通灵感应，不会出错！"

轩辕庙庙首陶金娥陈双英的口述

访谈时间：2018年10月13日至14日
访谈地点：柯桥区王坛镇越联村轩辕庙
采 访 人：张钧德

我叫陶金娥，女，71岁，属鼠。娘家、夫家都在越联村沈家塔。

我叫陈双英，女，70岁，属牛。娘家诸暨陈蔡，因为姑姑嫁在沈家塔，所以就嫁到姑姑家给姑姑做儿媳，实际上嫁给了表兄。

要说这个轩辕庙，老底子不叫这个名字的，叫仙缘庙，神仙的仙，姻缘的缘，是我们几个自然村落的共同的土地庙。这几个村落是沈家塔、高后山、谢家、胡家岙、廿三埠头，现在有的划在越联村，有的划到新联村，只有到了念佛的日子才重新走拢一起。"文革"的时候神像被敲掉，庙做过生产队小队间，也做过茶厂，茶厂倒闭后仍旧占着地方，直到成了文保单位了才被文保所赶走的。

怎么改名轩辕庙呢？这还从村里的陶信元说起。信元是村里长大的，顶替他爹工作去了上海，后来又辞职开了家手机店。陶信元平日爱好舞文弄墨，也爱好唱绍剧，有了很多绍剧演员朋友，大殿正中的"日月同辉"这块匾就是浙江绍剧团送来的贺物。信元卖手机赚了铜钿，回乡来说要修一修庙，乡亲们当然欢迎，但他修庙与一般不同，他先是将仙缘庙改成轩辕庙，音无有改，字改了，又自己写了不少的匾和联挂上，内容都是黄帝文化，还加了轩辕黄帝的塑像和壁画，原来的土地爷爷土地娘娘则搬到了旁边厢房里，庙修好后，信元又和绍兴县文保所联系，争取到了"绍兴县文物保护单位"的牌子。

仙缘庙原有一张"孝感动天"的大纛旗，每年舜王庙会的时候都要背了去的，只有我们的旗背到，庙会才能开始。老辈人还说，王坛舜王庙的式样也是从我们这里学去的，只是它场地比这里大。我们年轻的时候上辈都这样说的，后来他们一个个走了，现在的年轻人也难得回来一趟，再无人提这个事了，我俩因为管庙，听得多了，才还记得这个事。

现在舜王庙会来动员我们，叫我们组织一支"孝感动天"纛旗会，在陶信元资助下恢复，走在巡会队伍最前面。

我们还是传下来的三月廿八的土地菩萨生日，还有观音菩萨、财神菩萨的生日，老太婆都要来念佛，轩辕黄帝是不念的，也不晓得他生日是啥日子。

图书在版编目（CIP）数据

舜王纪念：绍兴舜王庙会口述史 / 吴卓晔，俞婉君著. -- 上海：东方出版中心，2024.9. -- ISBN 978-7-5473-2524-7

Ⅰ. K892.1

中国国家版本馆CIP数据核字第2024QK8121号

舜王纪念——绍兴舜王庙会口述史

著　　者　吴卓晔　俞婉君
责任编辑　陈哲泓
装帧设计　余佳佳

出 版 人　陈义望
出版发行　东方出版中心
地　　址　上海市仙霞路345号
邮政编码　200336
电　　话　021-62417400
印 刷 者　上海万卷印刷股份有限公司

开　　本　890mm×1240mm　1/32
印　　张　5.5
插　　页　8
字　　数　110千字
版　　次　2024年9月第1版
印　　次　2024年9月第1次印刷
定　　价　69.80元

版权所有　侵权必究
如图书有印装质量问题，请寄回本社出版部调换或拨打021-62597596联系。